Sieben Pfoten für PENNY

Mami hat alles im Griff und behält immer den Durchblick!

Vati ist als Tierarzt oft Tag und Nacht im Einsatz.

Außer Mädchen hat mein großer Bruder Kolumbus zurzeit wenig im Kopf.

Mein kleiner Bruder Romeo kann manchmal eine schreckliche Nervensäge sein.

Unser Haushälter Ivan sorgt dafür, dass wir nicht im Chaos versinken.

Das bin also ich: Penny! (Meinen „vollständigen" Namen Penelope kann ich nicht ausstehen!!!!)

Elvis ist mein Traumprinz – wenn er nur nicht so eifersüchtig wäre …

Eigentlich haben Robin und Milli zusammen acht Pfoten, aber Milli hat drei weiße und eine schwarze, die man manchmal kaum sehen kann …

Thomas Brezina

Sieben Pfoten für Penny

Band 12

Drei Welpen und ein Baby

Illustrationen von Silvia Christoph

Ravensburger Buchverlag

Vielen Dank der Tierarztfamilie Dr. Dreier für die Unterstützung.

Bibliografische Information Der Deutschen Nationalbibliothek
Die Deutsche Nationalbibliothek verzeichnet diese Publikation in der Deutschen Nationalbibliografie; detaillierte bibliografische Daten sind im Internet über *http://dnb.d-nb.de* abrufbar.

1 2 3 10 09 08

Umschlagillustration: Silvia Christoph

Printed in Germany

ISBN 978-3-473-47390-8

www.ravensburger.de
www.thomasbrezina.com

Unterwegs in der Nacht

Pennys Herz schlug schnell und heftig. Dafür gab es zwei Gründe: Erstens tat sie gerade etwas Verbotenes und war von einem leisen Knacken erschreckt worden.

Und zweitens hatte sie an Hans Georg gedacht.

Robin winselte leise. Der große Berner Sennenhund presste sich enger an sein Frauchen und senkte den Kopf, als wollte er sich im Laub verstecken.

Penny legte den Arm um seinen Hals und flüsterte ihm ins Ohr: „He, eigentlich sollst du mich beschützen, nicht umgekehrt."

Die beiden hockten hinter dem dicken, glatten Stamm einer uralten Platane und blickten durch ein hohes, schmiedeeisernes Tor auf eine große Wiese, die von zwei altmodischen Straßenlaternen spärlich erhellt wurde.

Es war Mitte Oktober und stockfinster.

„Am Ende der Wiese ist das Haus. Dort will ich hin. Wir müssen sie befreien!", raunte Penny ihrem Hund zu. Sie hatte sich kurz nach neun Uhr von zu Hause fortgeschlichen. Milli, die kleine Tibetanische Tempelhündin, hatte in ihrem Zimmer zurückbleiben müssen. Der nächtliche Ausflug zum Anwesen der Familie Rothenbaum war nichts für sie.

Eine hohe Mauer umgab das riesige Grundstück.

Penny stemmte Robin hoch, bis er den Rand erreichte und in den Park springen konnte. Anschließend benutzte sie ihr Fahrrad als Leiter, zog sich hinauf und landete mit einem Satz neben dem Sennenhund.

Nun starrten sie in die Richtung, in der Penny das Haus vermutete. Dort befanden sich die ehemaligen Stallungen, in denen jetzt keine Pferde mehr untergebracht waren, sondern ganz andere Tiere. Tiere, auf die der Tod wartete. Penny hatte sich fest vorgenommen, sie zu retten.

So einfach sollen die feinen Herren ihre Beute nicht bekommen!, sagte sie sich.

Doch mit einem Schlag verließ sie der Mut, die Wiese zu überqueren. Sie hatte auf der linken und auf der rechten Seite zwei kleine Häuschen entdeckt. Und in einem brannte Licht.

Aber dann musste sie wieder an die vielen Fasane und Rebhühner in den Ställen denken, die in ein paar Tagen von einer Jagdgesellschaft erlegt werden sollten.

Edwin hatte Penny davon erzählt. Sie hatte ihn im Frühling kennengelernt, als man ihn beim Diebstahl von Raubvogeleiern erwischt hatte. Edwin war durch seinen großen Bruder in eine krumme Sache verwickelt worden. Bei der Gerichtsverhandlung wurde Edwin freigesprochen. Inzwischen hatte er Arbeit auf einer Geflügelfarm gefunden.

Zuerst war er sehr zufrieden gewesen. Doch dann hatte er erfahren, dass die Fasane und Rebhühner nur für die Jagd gezüchtet wurden. Er hatte sie mit zwei Kollegen an die Rothenbaums liefern müssen.

Zu Beginn der Jagd wurden sie ins Revier gebracht und aufgescheucht, bevor man sie abknallte. Am Abend ließen sich die Jäger stolz vor den erlegten Tieren fotografieren.

„Komm, wir versuchen es!“, flüsterte Penny Robin zu.

Geduckt huschten sie über die Wiese. Das bewohnte Häuschen behielt Penny dabei ständig im Auge.

Sie näherten sich den Holztoren der lang gestreckten Ziegelbauten, und Penny überlegte, welches sie öffnen sollte.

Da flammten rund um sie Scheinwerfer auf. Sie stand in gleißendem Licht und war geblendet. Schützend hielt sie einen Arm vor die Augen und wollte fliehen. Dabei prallte sie gegen jemanden und eine scharfe Stimme fragte: „Darf ich erfahren, was du hier zu suchen hast?“

Totale Niederlage

„Ich … also … ich … es ist Zufall …“, stotterte Penny, da ihr im Augenblick beim besten Willen nichts Besseres einfiel.

„Zufall! Aha! Da du zufälligerweise nicht durch ein dreifach elektronisch gesichertes Tor gegangen sein kannst, wird dich der Zufall über die Mauer geführt haben. Das bedeutet im Klartext: Betreten eines fremden Grundstückes, außerdem Hausfriedensbruch und vielleicht auch Vandalismus!“

Penny stand vor einem hageren Mann mit einem faltigen und verkniffenen Gesicht. Die Augen waren so kalt wie seine Stimme. Er trug eine grüne Kniebundhose und eine grüne Lodenjacke.

„Lassen Sie mich los!“, zischte Penny, als er sie am Oberarm packte.

„Ich habe etwas gegen Einbrecher, auch wenn sie ein hübsches Gesicht haben“, sagte er, ohne seinen Griff zu lockern. Dann führte er sie zu einer der Boxen, deren Tür zum Hof ging.

Der Mann stieß Penny hinein. Sie hörte, wie er am Riegel herumhantierte.

„Ich muss dich kurz allein lassen, kann dich hier aber nicht einsperren. Es fehlt das Schloss“, sagte er. „Damit du nicht auf die Idee kommst wegzulaufen, zieh deinen Pulli und die Jeans aus.“

Penny traute ihren Ohren nicht. „Wie bitte?“

„Du hast mich richtig verstanden. Ich denke nicht daran, kleine Einbrecherinnen wie dich laufen zu lassen. Deshalb werde ich die Polizei holen. Die soll sich um dich kümmern.“

„Sie … Sie sind verrückt!“, tobte Penny.

„Nein, das trifft eher auf dich zu!“, erwiderte der Mann.

Wo bleibt Robin? Wieso hilft er mir nicht?, fragte sich Penny. Hatte sich der Feigling am Ende sogar verkrochen?

Widerwillig zog sie die Sachen aus und gab sie dem Mann, der damit die Box verließ.

Penny sah sich schon im Polizeiauto sitzen, das sie nach Hause brachte. Sie stellte sich das Gesicht ihres Vaters vor, wenn er sie in Empfang nahm und erfuhr, was sie getan hatte. Da er ein bekannter Tierarzt war, würde ihm das Ganze umso peinlicher sein.

Ihre Mutter, eine anerkannte Verhaltensforscherin, war wieder einmal in Afrika, wo sie an einem Gorillaprojekt arbeitete. Elvis, der bislang in der Tierarztpraxis mitgearbeitet hatte, durfte sie als Assistent begleiten.

Penny war in den jungen Tierpfleger nicht richtig verknallt, was ihr Bruder Romeo oft behauptete. Doch sie hatte ihn gern und die beiden verband mehr als eine gute Freundschaft.

Seit drei Wochen war Elvis nun fort und Penny vermisste ihn sehr. Auch wenn es Hans Georg gab, der ihr nicht mehr aus dem Sinn ging. Mehr noch, sie war total verliebt in ihn. Da gab es nur ein kleines Problem …

Aber das war verschwindend klein, verglichen mit dem Ärger, den sie jetzt am Hals hatte.

Hinter sich hörte Penny das unruhige Scharren

der Rebhühner, die durch den Lärm aufgewacht waren.

Plötzlich kratzte etwas an der Tür. Dann vernahm sie leises Winseln.

„Robin?“, flüsterte Penny.

Ein heiseres Bellen war die Antwort.

Der Berner Sennenhund kam in die Box und schmiegte sich an Pennys Beine.

„Wo hast du gesteckt? Wieso hast du diesen Typen nicht gebissen oder umgeworfen? Dann wären wir längst über alle Berge!“

Robin ließ etwas vor ihr fallen. Sie bückte sich und ertastete ihre Jeans.

Der Hund rannte mit großen Sprüngen wieder davon und kehrte gleich darauf mit ihrem Pulli zurück. Penny zog sich sofort an und lobte Robin. „Kluger Hund, du bist wirklich schlau. Ich nehme alles zurück!“

Robin wedelte stolz mit dem Schwanz und rieb seinen Kopf an ihren Beinen.

„Schnell weg!“, flüsterte Penny ihm zu.

Sie verließen rasch das Stallgebäude. Penny blieb kurz stehen und lauschte in die Nacht.

Nichts war zu hören: Keine Polizeisirene, kein Autogeräusch, keine Schritte.

Sie überquerten die Wiese und schlugen sich durch das Dickicht bis zur Mauer.

Dann half Penny Robin wieder hinüber. Doch sie hatte jetzt kein Fahrrad, das sie als Leiter benutzen konnte.

Hinter ihr ertönte das Geheul von Jagdhunden, die offensichtlich scharf abgerichtet waren. Robin begann auf der anderen Seite der Mauer ebenfalls zu bellen, wohl um die Hunde einzuschüchtern. Sie kamen jedoch direkt auf Penny zu.

Armer Robin!

Robin sprang mehrere Male gegen die Mauer und versuchte hinaufzukommen. Leider ohne jeden Erfolg.

Die Hunde hatten inzwischen Penny erreicht. Es waren drei kräftige Rottweiler. Einer hatte zerfetzte Ohren, der andere eine breite Narbe an der Flanke und der Dritte ein verkrüppeltes Bein.

Penny leuchtete den hechelnden Tieren mit der Taschenlampe ins Gesicht. Sie hatten die Lefzen hochgezogen und entblößten drohend die gelben scharfen Eckzähne.

Hinter ihnen ertönte ein Pfiff. Die Hunde antworteten mit lautem Gebell. Sie waren darauf trainiert, den Jäger auf die Fährte der Beute zu bringen.

Penny wusste, dass sie keine Chance hatte. Sie konnte den drei Rottweilern nicht entkommen.

„Dachtest du wirklich, du könntest mir entwischen?“, sagte der Mann triumphierend.

Mit langsamen Schritten kam er durch das Gestrüpp. Dann pflanzte er sich vor Penny auf und verschränkte die Arme vor der Brust. Sein schütteres dunkles Haar war mit einem unangenehm riechenden Öl eingefettet.

Sekundenlang standen sie einander gegenüber.

„Wie hast du deine Sachen gefunden?“, wunderte sich der Unbekannte.

Die Antwort darauf kam prompt in Form eines fliegenden schwarzbraunen Hundekörpers. Robin war es endlich gelungen, die hohe Mauer zu überwinden. Er stieß den Mann zu Boden und rannte sofort weiter.

Die Rottweiler nahmen die Verfolgung auf.

Der Mann lag regungslos auf dem Boden. Trotzdem entschied sich Penny, auf dem schnellsten Weg abzuhauen. Sollten doch die Hunde Hilfe für ihren Herrn holen.

Sie schwang sich auf den niedrigen Ast einer alten Eiche und von dort zum nächsthöheren. Auf diesem hangelte sie sich bis zur Mauer und sprang auf der anderen Seite ins Gras.

Sie hörte das laute Gebell der Rottweiler und dazwischen Robins ängstliches Kläffen.

„Robin, hierher!", rief sie immer wieder und stieß einen Pfiff aus.

Der Lärm kam näher.

Robins Kopf tauchte über der Mauer auf. Pennys Hund hatte aber zu wenig Anlauf genommen und rutschte wieder ab. Die Rottweiler stürzten sich laut bellend auf ihn.

Penny kletterte mithilfe ihres Fahrrades auf die Mauer, brach von einem nahe stehenden alten Birnbaum einen Ast ab und schleuderte ihn in die kämpfende Meute. Ein kurzer Moment der Verwirrung war die Folge.

Sie griff nach weiteren Ästen und warf sie auf die Rottweiler. Diese ließen schließlich von Robin ab und stellten sich bellend und knurrend vor die Mauer.

Mit voller Kraft schleuderte Penny einen dicken trockenen Ast, den sie mit Mühe hatte abbrechen können, nach unten. Sie traf einen der drei Hunde an der Schnauze, die anderen beiden irgendwo am Körper, aber alle drei wichen sofort zurück.

Endlich wurden Robins Vorderbeine auf der Mauer sichtbar und Penny fasste mit beiden Händen nach ihm.

Der Sennenhund jaulte, weil sie ziemlich unsanft zupackte, aber nur so gelang es ihr, Robin hochzuziehen.

Dann sprangen sie beide von der Mauer und Penny schwang sich auf ihr Rad.

Endlich erreichten sie die Zufahrtsstraße, die zu dem kleinen Talkessel führte, in dem das Haus der Moosburgers stand.

Früher einmal hatte es einem Schmied und seiner Familie gehört. Das Nebengebäude, in dem damals die Hammerschmiede untergebracht gewesen war, diente heute als Garage und Stall.

Im Erdgeschoss des Hauses befand sich die Tierarztpraxis.

Durch eine Tür auf der gegenüberliegenden Seite der Diele gelangte man in den Privatbereich der Moosburgers. Gleich neben dem Vorzimmer lag die Küche.

Über eine Holztreppe ging es dann nach oben in den ersten Stock, in dem sich das elterliche Schlafzimmer, zwei Arbeitszimmer, das Gäste- und das Wohnzimmer befanden.

Penny und ihren beiden Brüdern Kolumbus und Romeo war der gesamte zweite Stock vorbehalten, den Erwachsene nur in Ausnahmefällen betreten durften.

Penny stellte das Fahrrad in der Garage ab und schlich sich ins Haus.

In der Küche war es dunkel, ihr Vater wartete also nicht auf sie. Penny konnte schon einmal erleichtert aufatmen.

Aus dem ersten Stock drangen Fernsehgeräusche. Um diese Zeit konnten nur noch Paps und Kolumbus vor der Glotze sitzen.

Penny fasste Robin am Halsband, um mit ihm nach oben zu gehen. Dabei wurde ihre Hand feucht. Sie hielt sie unter den Lichtkegel der Taschenlampe und schluckte. Es war Blut.

Als sie den Hund genauer untersuchte, entdeckte sie eine klaffende, stark blutende Wunde am Hals und eine am linken Hinterbein.

Sie bekam vor Schreck ganz weiche Knie und Tränen liefen ihr über die Wangen.

Schon wollte sie nach ihrem Vater rufen, doch im letzten Moment überlegte sie es sich anders. Er würde nur unangenehme Fragen stellen und ihr vielleicht sogar die Reise zu ihrer Mutter nach Afrika verbieten.

Plötzlich kam ihr eine Idee. Sie durfte aber keinen Fehler machen.

„Robin, Platz!“, befahl sie ihrem Hund. Dann schlich sie auf Zehenspitzen die Treppe hoch.

Oben angekommen, zog sie sich schnell aus und schlüpfte in ihr langes Schlaf-Shirt. Sie wusch sich im Badezimmer Hände und Gesicht und beugte sich anschließend über das Treppengeländer.

„Robin, Laut, Laut!“, flüsterte sie hinunter.

Der Berner Sennenhund hatte als ehemaliger Filmhund gelernt, auf Kommando zu bellen, und tat dies auch diesmal.

Penny öffnete geräuschvoll ihre Zimmertür und rannte die Treppe hinunter. Davor war sie noch rasch in ihren bodenlangen, flauschigen Bademantel geschlüpft.

Dr. Moosburger fragte aus dem Wohnzimmer: „Was ist denn los?“

„Ich weiß nicht“, schwindelte Penny und stürmte ins Vorzimmer, wo Robin hechelnd auf dem Boden lag. Mit seinen dunklen Augen blickte er sie ein wenig vorwurfsvoll an. Was sollte das Theater?

Penny bemerkte im letzten Augenblick, dass sie einen Fehler begangen hatte. Die Haustür war zu. Sie konnte sie gerade noch öffnen, bevor ihr Vater erschien.

„Robin wollte unbedingt noch einmal hinaus", schwindelte Penny. „Er muss sich selbst die Tür aufgemacht haben, ist dann aber seltsamerweise fortgelaufen."

Penny beugte sich zu ihrem Hund hinunter und fragte ihn mit gespielter Strenge: „Wo warst du denn, du Ausreißer?" Gleich darauf stieß sie einen Schrei aus und deutete erschrocken auf die Wunde am Hals. „Paps, er blutet. Er ist verletzt!"

Matthias Moosburger untersuchte Robin und murmelte: „Das muss genäht werden, jetzt gleich. Komm, hilf mir!"

Sie hoben ihn im Behandlungszimmer auf den Untersuchungstisch.

„Er muss in eine wilde Rauferei verwickelt worden sein", sagte Herr Moosburger.

„Ist es … ist es sehr schlimm?", fragte Penny leise.

Ihr Vater machte ein ernstes Gesicht. „Die Bisswunde am Hals ist ziemlich groß. Vor allem muss er mit der Verletzung weit gelaufen sein und hat dabei Blut verloren. Die Wunden sollten unbedingt gut gereinigt werden, damit sie sich nicht entzünden und eitern."

Penny wurde blass.

„Paps, wird er ... wird er ... ich meine ... du weißt schon!", stammelte sie.

„Keine Sorge, er wird wieder gesund. Aber jetzt muss ich erst einmal seinen Kreislauf stärken. Du kannst mir helfen, ihn dabei zu halten."

Der Tierarzt verabreichte dem Hund eine Beruhigungsspritze, die ihn eine Zeit lang tief schlafen ließ, und hängte ihn dann an den Tropf, um den Blutverlust auszugleichen.

Danach rasierte er die Haare rund um die Wunden ab und desinfizierte die Stellen gründlich. Als er damit fertig war, nähte er nur die Wunde am Hals.

„Er muss sich nach dem Kampf noch sehr angestrengt haben", murmelte Dr. Moosburger, während er Robins Herzschlag und seine Atmung kontrollierte.

Penny holte rasch einen feuchten Lappen, um das Fell des Hundes ein wenig vom Blut zu reinigen.

Sie fühlte sich wie die größte Lügnerin der Welt. So gerne hätte sie ihrem Vater die Wahrheit erzählt, aber sie traute sich nicht.

Schlaftrunken kam Milli die Treppe herunter. Sie

stieß die angelehnte Tür zum Behandlungszimmer auf und trottete gähnend herein.

Die Tempelhündin spürte sofort, dass mit ihrem Freund etwas nicht stimmte, und jaulte leise.

„Fertig“, sagte Dr. Moosburger und legte die Nadel zur Seite. „Sein Kreislauf ist noch immer nicht ganz stabil, aber bereits besser“, stellte er fest. „Er muss auf jeden Fall Antibiotika bekommen.“ Er drückte Penny eine Schachtel mit Tabletten in die Hand. „Ab morgen sechs Stück am Tag. Jeweils zwei am Morgen, zu Mittag und am Abend.“

Penny betrachtete stumm die kahlen Stellen am Hals und am linken Hinterbein. Der betäubte Hund sah aus, als wäre er tot. „Ich bleibe die ganze Nacht bei ihm!“, beschloss sie.

Ihr Vater war dagegen. „Nein, kommt nicht infrage. Wir legen ihn in die Krankenstation. Dort kann er ungestört schlafen. Er wird bestimmt nicht vor morgen Früh aufwachen und im Augenblick können wir nichts für ihn tun. Ich habe alles unternommen, damit er so schnell wie möglich wieder auf die Beine kommt.“

Der Tierarzt schob den Untersuchungstisch mit dem Hund in die Krankenstation. Dort befanden sich mehrere geräumige Boxen, in denen im Augenblick keine Patienten untergebracht waren. In letzter Zeit lief die Tierarztpraxis nicht sonderlich gut und Dr. Moosburger machte sich bereits ein wenig Sorgen.

Er öffnete eine der Gittertüren und hob mit Pennys Hilfe den schlafenden Hund vom Tisch. Penny holte noch schnell die Decke aus dem großen Hundekorb und breitete sie über die weiche Unterlage, damit Robin etwas Vertrautes vorfand, wenn er aufwachte.

Milli näherte sich zögernd ihrem Freund und beschnupperte sein Fell. Sie winselte und stupste ihn mit der Nase, damit er sich bewege. Es gefiel ihr nämlich gar nicht, dass er so reglos dalag.

Vergeblich versuchte Penny, die kleine Tempelhündin aus der Box zu locken.

„Darf sie bei ihm bleiben?“, fragte sie ihren Vater. Dieser hatte nichts dagegen.

„Aber jetzt rasch ins Bett, morgen ist Schule!“, meinte Dr. Moosburger. Nachdenklich murmelte er dann: „Ich würde zu gerne wissen, wieso Robin ausgebüxt ist. Das tut er doch sonst nie.“

Penny spürte, wie sie einen roten Kopf bekam. Doch sie brachte es noch immer nicht fertig, ihrem Vater die Wahrheit zu sagen.

Gewissensbisse

In dieser Nacht schlief Penny kaum. Sie wälzte sich von einer Seite auf die andere, gepeinigt von ihrem schlechten Gewissen. Immer wieder tauchte der bewusstlose Mann vor Pennys Augen auf und sie machte sich große Vorwürfe, dass sie ihm nicht geholfen hatte. Dann schweiften ihre Gedanken zu Robin, der ihretwegen in einem schlimmen Zustand war.

Endlich kam der Morgen und sie konnte aufstehen. Ihr erster Weg führte sie zu Robin. Mit zitternden Knien betrat sie die Krankenstation.

„Robin, es tut mir so leid. Es ist ganz allein meine Schuld!“, sagte Penny leise, während sie den Sennenhund streichelte.

Dann versuchte Robin aufzustehen. Seine Schritte waren noch ziemlich unsicher, als Penny ihn vor das Haus führte. Er hob zum Pinkeln nicht einmal das Bein, sondern hockte sich einfach hin.

Während Penny beide Hunde in der Küche fütterte, warf sie einen Blick auf die Liste neben der Küchentür und seufzte. An diesem Dienstag war sie mit dem Frühstückmachen an der Reihe.

Nachdem sie geduscht hatte, fühlte sie sich immer noch todmüde. Am liebsten hätte sie sich wieder ins Bett gelegt und weitergeschlafen.

Während sie Kaffee und Tee zubereitete, Brot schnitt und den Frühstückstisch deckte, fiel ihr von Neuem der Mann im Park der Rothenbaums ein und ihr Herz begann zu rasen. Vielleicht war er schwer verletzt oder sogar tot?

Penny rannte zum Telefon und suchte die Nummer der Rothenbaums heraus. Sie wählte und wartete. Es klingelte viermal, dann meldete sich eine männliche Stimme und sagte gedehnt: „Hier ist das Anwesen der Familie Rothenbaum, was kann ich für Sie tun?“

Penny legte sofort wieder auf, denn der Mann schien der vom Vorabend zu sein. Ihre Unruhe war jetzt noch größer geworden.

Der erste Korb

Als ihr Vater die Treppe herunterkam, untersuchte er als Erstes Robin. Penny lief gleich zu ihm und fragte ängstlich: „Wie … wie geht es ihm?“

Dr. Moosburger nickte zufrieden. „Er hat sich bisher gut erholt. Ich hoffe, dass keine Komplikationen auftreten werden.“

Penny atmete auf.

In diesem Moment klingelte es an der Tür. Penny nahm an, dass es die Sprechstundenhilfe war.

Doch als sie die Tür öffnete, war niemand da. Sie wollte schon wieder zumachen, da drängte sich

Milli an ihren Beinen vorbei. Penny bückte sich, um sie festzuhalten. Dabei entdeckte sie einen runden Wäschekorb, über den ein Tuch gebreitet war.

„Hallo, ist da jemand?“, rief sie und blickte in alle Richtungen. Es war aber weit und breit niemand zu sehen.

Aus dem Korb kamen Geräusche und unter dem Tuch begann sich etwas zu bewegen. Penny zog es weg und traute ihren Augen nicht.

In dem Korb lagen drei beige Welpen, die höchstens sieben Wochen alt waren. Ein wenig unbeholfen krabbelten sie herum, traten sich dabei gegenseitig auf den Bauch und die Nase.

„Paps, komm bitte!“, rief Penny.

Als der Tierarzt den Korb mit den Hundebabys sah, runzelte er die Stirn.

„Jemand hat ihn einfach vor die Tür gestellt und ist weggerannt“, sagte Penny und trug den Korb ins Haus.

Dr. Moosburger hob einen der Welpen hoch und betrachtete ihn prüfend. „Das könnten Golden Retriever sein“, stellte er fest. „Auf jeden Fall sind es drei stramme Burschen, die völlig gesund aussehen.“

Penny nahm die anderen zwei aus dem Korb und stellte sie auf den Boden. Tollpatschig begannen sie, das Vorzimmer zu erkunden. Schon nach ein paar Schritten hinterließen sie eine Pfütze. Der Dritte machte ein großes Häufchen daneben.

„Da drin liegt ein Zettel“, rief Penny und zog ein Blatt Papier zwischen den Tüchern hervor, die in dem Korb lagen. In ordentlicher Handschrift stand darauf:

Sie sind meine letzte Hoffnung.
Bitte, passen Sie gut auf die drei auf.
Ich hole sie, sobald ich kann.

Keine Unterschrift.

Penny und ihr Vater sahen einander ratlos an.

Einer der Welpen nagte bereits am Telefonkabel, während der zweite den schlafenden Robin entdeckt hatte und ihn ins Bein zwickte. Der dritte zog an einem Zipfel der Tischdecke, sodass das Frühstücksgeschirr klapperte.

„He, aus, was soll das?“, rief Penny.

Aber da war es schon zu spät.

Hinter ihr klirrte es ohrenbetäubend. Der kleine Welpe hatte es tatsächlich geschafft, die Decke vom Tisch zu ziehen. Und zwar samt dem Geschirr, der Kaffee- und der Teekanne, drei Gläsern Marmelade, der Zuckerdose, einer halb vollen Milchflasche und einem Glas Honig.

Alles, was zerbrechen konnte, war in Scherben gegangen, und auf dem Boden bildete sich ein klebriger Brei, der sich nach allen Seiten ausbreitete.

Milli stürzte sich auf die unverhoffte Mahlzeit.

„Was is'n hier los?", fragte Kolumbus verschlafen. Pennys älterer Bruder stand in der Küchentür und verschränkte die Arme vor der Brust.

„Stell keine blöden Fragen, hilf mir lieber!", fuhr Penny ihn an.

Ihr Vater kam aus der Praxis gestürmt. Er hatte in seinem Computer nachgesehen, ob er etwas über die Welpen in Erfahrung bringen konnte. Herr Moosburger konnte sich zwar an keine Golden-Retriever-Hündin erinnern, die in letzter Zeit Junge geworfen hätte. Doch er wollte sichergehen, dass es sich wirklich nicht um die Jungen einer seiner Patientinnen handelte.

Auf das Frühstück mussten die Moosburgers verzichten. Sie hatten alle Hände voll zu tun.

Romeo, der in der Zwischenzeit auch aufgetaucht war, machte ein betretenes Gesicht und murmelte: „Wirklich zu dumm, dass Robin ausgerechnet jetzt krank ist. Ich brauche ihn doch für den Test!"

Penny wollte wissen, welchen „Test“ er meinte. Der kleine Bruder lenkte sie aber so geschickt ab, dass sie die Frage vergaß.

Milli sollte bei Robin in der Krankenstation bleiben und ihm Gesellschaft leisten. Die drei Welpen wurden zwei Boxen weiter untergebracht.

„Wir sollten sie besser gleich ins Tierheim bringen oder einen Platz für sie suchen“, schlug Dr. Moosburger vor. „Im Augenblick ist es wirklich schwierig, sich auch noch um die drei kleinen Racker zu kümmern.“

„Nein, sie bleiben da!“, protestierte Penny. „Ich versorge sie. Du kannst dich auf mich verlassen.“

Ihr Vater sah sie mit gerunzelter Stirn an. Penny ärgerte es, dass er an ihrem Vorsatz zweifelte.

Die Küche blieb einstweilen unaufgeräumt. Ivan, der Haushälter der Tierarztfamilie, kam heute erst am Nachmittag, da er einen Kochkurs besuchte, den die Moosburgers ihm zum Geburtstag geschenkt hatten.

Hans Georg

Penny traf erst fünf Minuten nach dem Klingeln in der Schule ein. Sie stürmte durch den verwaisten Gang zu ihrer Klasse. Eine Toilettentür ging auf und sie stieß fast mit ihrem Deutsch- und Geschichtslehrer zusammen.

„Kein Grund zur Eile, Penny! Wie du siehst, bin ich noch nicht in der Klasse!“, sagte Hans Georg Müllenburg.

Penny blickte in das strahlende Gesicht des jungen Lehrers, der noch immer vom Sommer braun gebrannt war. Sein halblanges dunkles Haar hatte er schwungvoll nach hinten gekämmt. Ein bisschen Gel ließ es schimmern, als wäre er gerade aus dem Meer aufgetaucht.

Wie immer trug Herr Müllenburg Jeans und ein dazu passendes Hemd. Über die Schultern hatte er lässig einen Pulli geworfen.

„Was ist denn los? Du siehst müde aus. Irgendetwas nicht in Ordnung?“, erkundigte er sich.

Penny wollte schon sagen, dass alles bestens sei. Doch dann verspürte sie plötzlich den Drang, sich ihm anzuvertrauen. „Ich ... also ich ... ich habe ein Problem und ... ich weiß nicht, was ich tun soll.“

Herr Müllenburg nickte verständnisvoll. „Möchtest du mit mir darüber reden? Ich will mich aber nicht aufdrängen ....“

Penny nickte. Es war ihr größter Wunsch, mit dem Lehrer allein zu sein und mit ihm zu reden. Sie war fest davon überzeugt, dass er ihr helfen konnte.

Sie rechnete eigentlich damit, dass er ein Treffen im Sprechstundenzimmer vorschlagen würde. Stattdessen aber fragte er: „Was hältst du von einer Tasse Tee im *Café Schwarz*? Nach dem Unterricht, so gegen zwei? Wir könnten gemeinsam hingehen. Einverstanden?“

Penny sagte sofort zu.

„Jetzt aber los, ab in die Klasse, damit du vor mir dort bist!" Herr Müllenburg gab ihr einen leichten Schubs.

Penny lächelte dankbar und stürmte in den Unterrichtsraum.

Gleich darauf betrat Hans Georg Müllenburg das Klassenzimmer und nickte den Schülern zu. Nachdem er die fehlenden Schüler ins Klassenbuch eingetragen hatte, begann er mit dem Geschichtsunterricht. In diesem Schuljahr stand das zwanzigste Jahrhundert auf dem Lehrplan.

Penny starrte ihn die ganze Zeit nur an. Von der Stunde bekam sie nichts mit. Sie stellte sich vor, wie ihr Treffen im Café ablaufen würde, und konnte es kaum erwarten, bis es endlich so weit war.

Hans Georg schaute einige Male zu ihr und zwinkerte ihr aufmunternd zu. Beschämt senkte Penny dann immer den Blick. Er durfte auf keinen Fall wissen, dass sie ihn gerne ansah.

In ihrem Kopf begannen plötzlich zwei Stimmen miteinander zu streiten.

„Du spinnst, du kannst dich nicht in deinen Lehrer verknallen", sagte die eine.

„Kann ich doch! Warum nicht?", erwiderte die andere.

„Man verliebt sich nicht in einen Lehrer. Da kommt nur Mist heraus!“

„Er wird es nie bemerken und gegen Gefühle kann man sowieso nichts tun!“

„Doch! Man muss ihnen nicht gleich nachgeben. Du machst einen Fehler, deinen Lehrer einzuweihen. Du wirst es noch bereuen!“

„Du willst nur, dass ich ein schlechtes Gewissen bekomme!“

Penny hörte nicht mehr, was der Geschichtslehrer vortrug. Zum Glück rief er sie die ganze Stunde nicht auf. Ob er ahnte, dass sie mit den Gedanken ganz woanders war?

Herzklopfen

Nach der letzten Stunde ließ sich Penny beim Verlassen der Klasse besonders viel Zeit. Vielleicht wartete Hans Georg gar nicht auf sie. Doch als sie aus dem Schulhaus trat, sah sie ihn sofort. Er lehnte einige Meter entfernt an einen Baum.

„Ich dachte schon, du versetzt mich, weil du es dir anders überlegt hast. Ehrlich gesagt wäre ich enttäuscht, wenn du plötzlich kein Vertrauen mehr zu mir hättest."

Penny wusste nicht recht, was sie darauf erwidern sollte, und lächelte verlegen.

Während sie zum *Café Schwarz* gingen, versuchte Penny, sich so locker wie möglich zu geben, aber irgendwie war sie trotzdem total verkrampft.

„Ich habe gehört, dass deine Mutter in Afrika ist. Und dieser Junge, mit dem ich dich vor drei Wochen auf der Schulparty gesehen habe, auch", sagte der Lehrer.

„Ja, stimmt. Meine Mutter arbeitet an einem Gorillaprojekt. Die Tiere werden in einem geschützten Gebiet gezüchtet, betreut, aber auch beobachtet und erforscht."

„Und wer ist der Junge? Ich meine, wieso ist er mit deiner Mutter mitgegangen?", wollte Herr Müllenburg wissen.

„Sie meinen Elvis?", fragte Penny etwas unsicher, denn sie wusste nicht, wie viel sie dem Lehrer über ihn erzählen sollte.

„Also, Elvis ist der Assistent meines Vaters", sagte sie schließlich. „Er ist Tierpfleger und wohnt bei uns. Manchmal ... also ... na ja ... geht er mit mir auf Partys und so ..."

„Ist er dein Freund?", fragte Herr Müllenburg unerwartet.

„Nein, nicht wie Sie meinen!", erwiderte sie. „Er ist einfach nur ein guter Freund!"

Im nächsten Augenblick kam sie sich wie eine Verräterin vor. Aber sie konnte Hans Georg ja schlecht die Wahrheit sagen. Bestimmt fand er sie dann viel weniger interessant.

Moment, woher wusste sie eigentlich, dass er sie überhaupt interessant fand?

Sie hatten das Café erreicht und fanden einen Platz in einer ziemlich weit hinten liegenden Nische. Erleichtert stellte Penny fest, dass niemand aus ihrer Schule da war, der sie beobachten konnte.

Der Lehrer bestellte für sich einen Tee. Penny hätte zwar viel lieber eine Cola gehabt, aber sie entschied sich auch für Tee.

„Jetzt schieß los!" Herr Müllenburg lehnte sich zurück und blickte sie auffordernd an.

Langsam und stockend begann Penny zu erzählen. Von Edwin, der sie im Frühling in schreckliche Schwierigkeiten gebracht hatte. „Er will das jetzt alles wieder gutmachen und deshalb hat er mir die Sache mit den Fasanen und Rebhühnern verraten."

Zögernd berichtete sie dann von dem nächtlichen Einbruch, wie sie von den Hunden und dem Mann überrascht worden war, den Robin zu Boden gestoßen hatte.

„Ich … ich habe solche Angst, dass sich der Mann

verletzt hat und sich nun rächen wird. Außerdem komme ich mir so mies vor, weil ich meinen Vater belogen habe. Aber zurzeit ist er unausstehlich. Liegt bestimmt daran, dass Mam weg ist und er sich mit uns Kindern überfordert fühlt."

Hans Georg nickte verständnisvoll.

„Aber etwas Lustiges, oder viel mehr etwas Seltsames ist auch geschehen", platzte Penny heraus und erzählte von den Welpen.

„Und was macht ihr mit den Kleinen?", wollte der Lehrer wissen.

„Na ja, wir wollen sie vorläufig behalten. Der Besitzer wird sich hoffentlich bald melden. Wenn ich nur wüsste, wieso er uns die Hunde vor die Tür gestellt hat!", sagte Penny.

Hans Georg schüttelte ungläubig den Kopf. „Sachen gibt es", murmelte er.

Penny nickte.

„Wenn du es mir erlaubst, rufe ich bei diesen Rothenbaums an", sagte der Lehrer schließlich. „Ich finde bestimmt heraus, wer der Mann ist und ob ihm etwas zugestoßen ist. Sollte er wirklich verletzt sein, dann musst du Farbe bekennen. Ist dir das klar?"

Penny schluckte und nickte zögernd. Sie wollte

das Thema wechseln, um nicht immer nur über ihre Angelegenheiten zu sprechen.

„Und wie geht es Ihnen?“, fragte sie.

Hans Georg sah sie verwundert an. „Bei mir ist alles in bester Ordnung.“

„Sie sind noch nicht lange in Salzburg, oder?“

„Ich bin im Februar hergezogen. Vorher habe ich in der Nähe von Wien gelebt. Aber hier gefällt es mir besser. Ich mag Großstädte nicht.“

Eine Weile schwiegen beide. Penny wusste, dass das Treffen damit zu Ende war. Sie hätte es gerne noch ein bisschen in die Länge gezogen.

Der Geschichtslehrer warf einen Blick auf die Uhr und sagte: „Ich muss leider los. Morgen ist mein freier Tag, aber wir könnten uns trotzdem zur selben Zeit wieder hier treffen. Dann sage ich dir, was ich herausgefunden habe. Okay?“

Penny war sofort einverstanden.

Hans Georg Müllenburg reichte ihr zum Abschied die Hand und sagte: „Penny, du bist wirklich ein ungewöhnliches Mädchen!“ Dabei blickte er ihr tief in die Augen.

Penny lief rot an und senkte verlegen den Kopf.

Nachdem sie auseinandergegangen waren, drehte sie sich noch einmal um und bemerkte, dass ihr

Hans Georg nachsah. Er winkte ihr zu und sie winkte zurück.

Penny schwebte auf Wolke sieben. Sie summte ihren Lieblingssong und ertappte sich dabei, wie sie ausgelassen über den Gehsteig hüpfte.

Zu Hause angekommen, ging sie nicht sofort in die Tierarztpraxis. Ihr Vater hatte noch Patienten und sie wusste, dass er nicht gestört werden wollte.

Rätsel um Kolumbus

Penny beschloss, zuerst in ihr Zimmer zu gehen und in eines ihrer Tagebuchhefte zu schreiben. In das rote trug sie ein, was sie wütend machte, in das grüne alle schönen Ereignisse, in das rosafarbene nur das, was mit schönen Gefühlen zu tun hatte, und in das blaue die traurigen Erlebnisse.

Diesmal war natürlich das rosafarbene an der Reihe.

Als sie an Kolumbus' Zimmer vorbeiging, hörte sie den großen Bruder telefonieren.

Er war vor vier Wochen achtzehn geworden und

in letzter Zeit ziemlich seltsam. Meistens ging er mit verschlossener Miene durch das Haus, aß wenig, sperrte sich in sein Zimmer ein und war auffallend unfreundlich. Vor allem Romeo bekam seinen Missmut oft zu spüren.

Normalerweise lauschte Penny nicht an fremden Türen. Diesmal aber konnte sie nicht widerstehen. Sie erkannte am Klang seiner Stimme, wie aufgebracht er war.

„Nein, jetzt hör mir mal zu“, schnaubte er ins Telefon. Danach folgte eine längere Pause, er war wohl doch wieder unterbrochen worden.

„Jetzt reicht's mir aber“, tobte er dann. „Ich lasse mir nicht den Schwarzen Peter zuschieben, nur weil du nicht aufpassen kannst. Ich habe dich vorher mehrere Male gefragt, ob auch wirklich nichts passieren kann. Du hast mir geschworen, dass du dafür gesorgt hast. Was hätte ich denn noch tun sollen? Wahrscheinlich hätte ich es mir von dir schriftlich geben lassen sollen! Ich bin nicht dafür verantwortlich. Es ist einzig und allein deine Schuld und ich werde deshalb auch nicht dafür geradestehen. Ich denke nicht daran. Ich lass mir doch nicht mein Leben versauen. Du willst damit nur erreichen, dass ich zu dir zurückkomme.“ Nach diesen Worten drückte Kolumbus offensichtlich die „Beenden"-Taste.

Gleich darauf wurde die Zimmertür aufgerissen und der ältere Bruder stürzte auf den Gang hinaus. Penny hatte nicht mehr rechtzeitig verschwinden können und er prallte heftig mit ihr zusammen.

„Hast du mich etwa belauscht?", fuhr er Penny wütend an.

„Ne-nein", stammelte sie verlegen.

„Wie lange stehst du schon da? Was hast du gehört?", nahm Kolumbus sie ins Verhör.

Penny drehte den Spieß um und fragte mit Unschuldsmiene: „Wieso? Hast du was Schlimmes zu verbergen?"

Kolumbus schien nach Worten zu suchen. Da ihm wohl nichts Passendes einfiel, drehte er sich um und rannte die Treppe hinunter.

Penny beschloss, ihn später auf das belauschte Telefonat anzusprechen. So einfach konnte er sich nicht der Verantwortung entziehen.

He, wenn das stimmt, werde ich Tante!, fiel ihr plötzlich ein.

Sie war jetzt viel zu aufgewühlt, um in ihr Tagebuchheft zu schreiben. Also lief sie in die Tierarztpraxis. Auf Zehenspitzen durchquerte sie rasch den

Behandlungsraum, woraufhin ihr Vater sie wütend ansah.

Robin ging es wieder ein wenig besser, stellte Penny erleichtert fest.

Der Berner Sennenhund lag ruhig auf der weichen Unterlage, und sein buschiger Schwanz begann heftig zu schlagen, als er sein Frauchen erblickte.

Milli stand vor ihm und sah so aus, als wollte sie ihn bewachen.

Penny betrat die Box und kniete sich zwischen die Hunde. Vorsichtig streichelte sie mit einer Hand über Robins Kopf und kraulte mit der anderen Milli unter dem Kinn.

Der Sennenhund kämpfte sich in die Höhe und machte ein paar Schritte. Penny biss sich auf die Unterlippe, als sie sah, dass das verletzte Hinterbein lahmte.

Erschöpft ließ er sich wieder zurück auf die Decke sinken.

„Bitte, bitte werde schnell wieder gesund, Robin“, flüsterte Penny. „Es tut mir so leid, dass ich dich in der Nacht gehetzt habe. Ich ... ich habe nicht gesehen, wie verletzt du warst. Bitte verzeih mir!“

Zwei Boxen weiter ertönte heftiges Winseln und Jaulen. Penny ging zu den Welpen, die tollpatschig herumtapsten und sich gegenseitig in Schwanz und Ohren zwickten.

Als Penny vor ihnen in die Hocke ging, blickten sie sie mit ihren schwarzen Knopfaugen treuherzig an und liefen dann sofort auf sie zu.

Die feuchten Nasen, die runden Körper, das fordernde Stupsen und das weiche Fell fühlten sich so angenehm an, dass sie Penny einen Augenblick lang ihre Sorgen vergessen ließen.

Schmunzelnd sah sie zu, wie die drei an ihren Hosenbeinen zupften und zerrten.

Robin und Milli begannen laut zu bellen.

„He, ihr zwei, macht kein Theater!“, rief Penny. „Ihr braucht wirklich nicht eifersüchtig zu sein. Die sind nur zu Gast hier.“

Da die Hunde nicht aufhörten zu bellen, öffnete Penny die Tür ihrer Box, um sie herauszulassen.

Dr. Moosburger hatte gerade drei Perserkatzen auf dem Untersuchungstisch.

Als sie die beiden Hunde sahen, fauchten sie laut, sprangen vom Tisch herunter und gingen auf Robin und Milli los.

Penny konnte sich gerade noch dazwischenstellen und sie mit dem Fuß abwehren. Dabei bekam sie die scharfen Krallen der Katzen zu spüren.

Ihre Besitzerin lächelte von oben herab und unternahm nichts, um ihre Tiere zurückzuholen, sondern sagte nur gelassen: „Ja, ja, gemeinsam fühlen sie sich stark. Dem Nachbarhund haben sie schon ein Auge ausgekratzt."

Dr. Moosburger wollte eine der langhaarigen Katzen wieder auf den Tisch setzen und wurde gleich von ihr angegriffen. Die Kratzspuren zogen sich vom Oberarm bis zum Handgelenk.

„Ganz schön wild, meine Stubentiger!", meinte die Frau, die mit überheblicher Miene dem Treiben ihrer Katzen zusah.

„Würden Sie die kleinen Bestien bitte ruhig stellen!", zischte Dr. Moosburger mit zusammengebissenen Zähnen.

„Meine Katzen sind keine Bestien!", protestierte die Frau. „Ich kann aber gerne zu einem Ihrer Kollegen gehen, der uns sicher freundlicher behandeln wird."

Penny schnappte die beiden anderen Katzen am Nackenfell und hielt sie fest, bis ihr Vater sich Handschuhe angezogen hatte.

Als die Frau das sah, stürzte sie sich erschrocken auf Penny. „Wie kannst du so brutal zu meinen Kätzchen sein? Das tut ihnen doch weh!"

Herr Moosburger nahm seiner Tochter die Katzen ab und zischte ihr zu: „Raus, aber schnell! Wir sprechen uns noch."

Milli und Robin verlangten, ins Freie gelassen zu werden. Penny öffnete ihnen die Haustür.

Robin hinkte jämmerlich und Penny litt sehr, als sie es sah.

Um sich abzulenken, ging sie in die Küche und wischte mit einem Putzlappen und heißem Wasser den klebrigen Brei aus Marmelade und Honig auf, damit Ivan nicht noch mehr Arbeit hatte, wenn er kam. Anschließend holte sie das vorbereitete Mittagessen aus dem Kühlschrank und wärmte es auf. Es gab Spaghetti mit würziger Gemüsesoße.

Als sie ihren Vater und ihre Brüder zu Tisch rief, musste sie nicht lange warten. Der Hunger trieb Pennys Familie rasch in die Küche.

Das Mittagessen verlief in einer ziemlich gedrückten Stimmung.

Kolumbus war völlig in Gedanken versunken und sprach kein Wort.

Dr. Moosburger hielt Penny einen Vortrag, weil sie eine gut zahlende Kundin so schlecht behandelt hatte.

Romeo schien lange mit sich zu kämpfen, bevor

er mit einer Frage herausrückte. „Äh ... Penny ... borgst du mir Robin heute Nachmittag?“

„Borgen? Was soll das heißen? Was hast du mit ihm vor?“, erkundigte sich Penny misstrauisch.

„Äh ... nichts ... also ... es ist nur ...“

„Nein!“, sagte Penny streng. Sie ahnte, dass ihr Bruder schon wieder eine verrückte Idee hatte. Unter normalen Umständen konnte sich der Hund dagegen zur Wehr setzen, aber im Augenblick war er zu schwach dazu.

„Hat sich jemand wegen der Welpen gemeldet?“, fragte sie ihren Vater.

Dr. Moosburger schüttelte den Kopf. „Nein, niemand. Was sollen wir nun tun?“

„Zuerst einmal abwarten“, schlug Penny vor. „Du, übrigens ... Robin hinkt stark.“

„Mach dir keine Sorgen, das wird sich bald legen. Die Bisswunde ist zwar tief, aber ich habe sie gut versorgt. Vielleicht müssen wir sie in den nächsten Tagen noch ein paarmal gründlich reinigen, damit sich keine Entzündungen und Eiterherde bilden.“

Wo steckte Robin überhaupt?, wunderte sich Penny. Die beiden Hunde waren noch nicht zurückgekommen.

Schlechte Neuigkeiten

Penny lief vor das Haus, gerade als Ivan auf seinem Motorrad ankam. Er nahm den Sturzhelm ab und eine schwarze Kurzhaarfrisur kam zum Vorschein. Jedes Haar schien an der richtigen Stelle zu liegen und der Scheitel war wie mit dem Lineal gezogen.

Penny starrte den Haushälter entgeistert an.

„Tag, schöne Frau, Ihre Augen sind so blau!", begrüßte Ivan sie. Er war richtig gut gelaunt.

„T-t-tag …" Penny war so verdutzt, dass sie sogar vergaß, sich über die Anrede „schöne Frau" aufzuregen.

„He, ich komme nicht vom Mars, sondern aus der Stadt!“, sagte Ivan. „Was guckst du denn so?“

„Deine Haare ... was ist los? Bist du ... bist du ... normal geworden?“, stammelte Penny.

Ivan war nämlich Punk und trug für gewöhnlich nur Lederklamotten. An seinen Ohren hingen häufig große Gardinenringe und in der Nase oder in einer Augenbraue steckte oft eine Niete.

Seine Haare ließ Ivan alle paar Wochen anders schneiden und färben. Seine Frisur glich mal einem Schachbrett, dann wieder einer Sonnenblume oder sie bestand aus eisblauen Stacheln. Penny kannte ihn mit einem Regenbogen auf dem Kopf oder einem Irokesenkamm. Auch ein Vordach aus Haaren, das mit einer großen Menge Haargel fixiert war, hatte er schon einmal ausprobiert.

Die brave, biedere Frisur und das völlig stinknormale Schwarz seiner Haare verwirrten Penny deshalb umso mehr.

„War ich früher verrückt? Oder was?“, empörte sich Ivan.

„Du weißt ganz genau, was ich meine“, erwiderte Penny.

Ivan wirkte plötzlich abweisend.

„Ist was?“, fragte Penny unsicher.

Der Haushälter schien etwas sagen zu wollen, stammelte dann aber nur: „Äh … ja … aber … nein, es ist alles okay!“

„He, du trägst ja gar keine Lederhose!“, wunderte sich Penny.

Ivan strich sich über die helle Cordhose und murmelte: „Na ja, von Zeit zu Zeit muss halt ein bisschen Abwechslung sein“, stellte das Motorrad ab und ging mit Penny ins Haus.

„Penny, Telefon!“, rief Romeo, als seine Schwester das Vorzimmer betrat.

Penny nahm ihm das Funktelefon ab. Sie wollte Romeo fragen, wer dran war, aber der hatte sich bereits verdrückt.

„Hallo!“, meldete sie sich.

„Spreche ich mit Penelope Moosburger?“, hörte sie eine tiefe Stimme am anderen Ende der Leitung sagen.

Penny wusste sofort, dass das kein Freund war. Die verwendeten nämlich alle ihren Spitznamen. Ihre Mutter hatte sie nach der Frau des listenreichen Odysseus benannt, den Namen dann aber selbst bald etwas hochgestochen gefunden.

„Äh … ja … am Apparat!“ Penny ahnte bereits Schlimmes.

„Ich habe mit dir noch eine kleine Rechnung zu begleichen und schlage vor, du kommst her, damit wir uns in Ruhe darüber unterhalten können“, sagte die Stimme.

Penny zuckte zusammen. Das war zweifellos der Mann aus dem Park der Rothenbaums.

„Es ... es tut mir sehr ... sehr leid“, stotterte Penny. „Ich ... also ... es ist so ...“ Plötzlich wurde sie misstrauisch. Woher wusste der Mann überhaupt, wer sie war? „Was wollen Sie von mir?“, fragte sie irritiert.

„Das weißt du ganz genau. Tu nicht so unschuldig! Oder soll ich zur Polizei gehen?“ Die Stimme klang eisig und drohend.

„Nein, nein, aber ... aber ich denke, Sie verwechseln mich mit jemandem“, schwindelte Penny und legte auf.

Am ganzen Körper zitternd lehnte sie sich an die Wand.

Was meinte der Mann mit der Rechnung, die er noch mit ihr zu begleichen hatte? Und woher kannte er ihren Namen?

Plötzlich fiel ihr ein, dass Herr Müllenburg ihr versprochen hatte, bei den Rothenbaums anzurufen. Sicherlich war dabei ihr Name gefallen. Aber statt ihr damit zu helfen, hatte Pennys Lehrer sie offensichtlich unbeabsichtigt in noch größere Schwierigkeiten gebracht.

Sie nahm ihre Jacke vom Garderobenhaken und stürmte aus dem Haus. Sie brauchte dringend frische Luft.

Die Hände in den Taschen vergraben, stapfte sie in den Wald. Sie war so ins Grübeln gekommen, dass sie ihre Umgebung gar nicht wahrnahm. Erst ein kurzes, forderndes Bellen riss sie aus ihren Gedanken. Es hörte sich sehr nach Milli an. Aber wo steckte sie?

Penny rannte in die Richtung, aus der das Bellen gekommen war, und bald erblickte sie ihre Hunde.

Sie saßen vor einem Mann, den Penny noch nie zuvor gesehen hatte. Er hatte graues kurz geschnittenes Haar und ein dünnes Oberlippenbärtchen. Der Mann trug eine grüne Kniebundhose und über dem hellen groben Leinenhemd eine dicke Lodenjacke. Aus deren Seitentasche zog er einen Hundekeks nach dem anderen und verfütterte sie an Milli. Robin kostete ebenfalls davon, schien aber weniger begeistert zu sein.

Als die Tempelhündin den letzten Keks gefressen hatte, stülpte der Unbekannte die Tasche nach außen und sagte: „Nichts mehr. Aus. Leider. Morgen gibt's wieder was. Vielleicht. Aber wem gehört ihr eigentlich?"

„Mir!", antwortete Penny laut.

Der Unbekannte schaute sie erschrocken an und die beiden Hunde zogen schuldbewusst die Köpfe ein. Sie wussten, dass sie nicht vom Haus weglaufen durften. Und von Fremden Futter zu nehmen, war ebenfalls streng verboten.

„Bitte, füttern Sie die Hunde nie wieder!", sagte Penny streng.

„Aber Fräulein, rege Sie sich doch nicht so auf!", meinte der Fremde, der nach Moder und fauligem Fleisch roch, was er vergebens mit einem aufdringlichen Rasierwasser zu überdecken versuchte.

Penny machte einen Schritt zurück, damit ihr der Gestank nicht so stark in die Nase stieg.

„Ich will das nicht. Habe ich mich klar ausgedrückt?", wiederholte sie, denn der Mann war ihr unheimlich. „Und ihr kommt sofort mit!", befahl sie Milli und Robin.

Aber die Hunde gehorchten nicht und blieben vor dem Mann hocken, der sie in einem fort streichelte.

„Hände weg von meinen Hunden!", schrie Penny gereizt.

„Was bildet Sie sich überhaupt ein? Wie redet Sie? Passe Sie lieber auf, dass die Hunde nicht erschossen werden, weil sie im Wald herumstreunen!", erwiderte der Mann.

„Ah, Sie sind Jäger! Ich hasse Jäger!", schrie Penny ihn an.

„Und Sie ist eine dumme Gans, die nicht einmal auf ihre Hunde aufpassen kann. Sie sind verletzt und hinken!"

Wer war dieser Fremde? Und wieso redete er so seltsam?

„Das geht Sie alles gar nichts an!", tobte Penny und pfiff nach Robin und Milli. Wenn sie diesen Laut hörten, kamen die beiden normalerweise sofort angelaufen.

Diesmal aber nicht. Penny musste zu ihnen gehen und sie am Halsband ziehen. Robin jaulte auf, weil sie seiner Wunde zu nahe gekommen war, und der Mann rief bedauernd: „Ihr armen Hunde! Eine Furie als Frauchen zu haben, ist das Schlimmste! Doch vergesst nicht, ich bin immer für euch da."

„Wehe, Sie fassen die beiden noch einmal an!", drohte Penny.

Nur mit Mühe gelang es ihr, Milli und Robin nach Hause zu bringen. Empört über die raue Behandlung, zogen sie sich sofort ins Wohnzimmer zurück. Dort legten sie sich in die weichen Sessel und blickten Penny beleidigt an.

„Ach, habt euch doch nicht so!“, versuchte Penny einzulenken, denn sie fühlte sich plötzlich von allen im Stich gelassen. Wie sollte das nur weitergehen?

Ivans Pläne

Penny saß an ihrem Schreibtisch und starrte zum Fenster hinaus. Der Sturm riss gerade die letzten Blätter von den Bäumen und trieb dunkelgraue Wolken über den Himmel.

Vor ihr lag das Aufsatzheft, aber nach drei Zeilen fiel ihr nichts mehr ein. Sie fühlte sich richtig elend. Zu gerne hätte sie ihrem Vater alles gebeichtet, bevor er es von anderen erfuhr. Aber sie brachte einfach nicht den Mut auf, mit ihm darüber zu reden.

Sie musste wieder an die Fasane und Rebhühner denken, die in den Ställen auf ihr Ende warteten. Sie hörte schon die Schüsse knallen und sah die Tiere tot zu Boden fallen. Sie stellte sich im Geiste das zufriedene Grinsen der Hobbyjäger vor, wenn sie ihre Beutestücke stapelten und der Haufen immer größer wurde.

Das Schlimmste für sie war, dass sie nichts dagegen tun konnte. Auf keinen Fall wagte sie sich noch einmal in den Park der Rothenbaums. Sie hatte keine Lust, den Rottweilern oder dem Mann ein zweites Mal zu begegnen.

Um auf andere Gedanken zu kommen, ging sie hinunter und sah nach den Welpen. Sie gab ihnen Futter, über das sich die drei gierig hermachten.

Plötzlich ertönte aus der Wohnung der Tierarztfamilie ein klägliches Jaulen.

Robin!

Penny rannte durch die Praxis und stürzte ins Vorzimmer. Sie sah Romeo mit seinem Schulfreund Rudi auf der Treppe stehen. Die beiden versuchten, Robin wie einen störrischen Esel an der Leine hinter sich herzuziehen, aber der Sennenhund stemmte sich mit aller Kraft dagegen.

„Spinnst du?“, schrie Penny und nahm Romeo die Leine aus der Hand. „Du weißt doch, dass Robin schlafen soll, damit er bald wieder gesund wird.

Warum zerrst du ihn dann die Treppe runter, wenn er nicht will?“

Als Rudi die Frage beantworten wollte, trat Romeo ihm fest auf die Zehen.

„Weiß Paps eigentlich, dass du gestern Abend draußen warst und erst sehr spät zurückgekommen bist? Und Robin war dabei!“, sagte Romeo triumphierend.

Penny zuckte zusammen.

„Woher willst du das wissen? Du hast doch bestimmt schon geschlafen, oder?“, erwiderte Penny rasch.

„Habe ich nicht. Rudi hat mir sein neues Computerspiel geborgt und das wollte ich bis zum Ende spielen. Ich war wach und habe gehört, wie du die Treppe heraufgekommen bist. Dann warst du kurz in deinem Zimmer und bist sofort wieder hinuntergegangen!“

Romeo zwinkerte seinem Freund verschwörerisch zu. Jetzt führte er ihm einmal vor, wie man mit gemeinen großen Schwestern umging.

„Wenn du den Mund aufmachst, du kleine, miese Ratte, dann wirst du Ärger bekommen wie noch nie!“, drohte Penny.

Romeo verschränkte die Arme vor der Brust und

sagte gelassen: „Das wollen wir doch mal sehen, Schwesterherz.“ Siegessicher gab er Rudi ein Zeichen mit dem Kopf und die beiden zogen ab.

Beim Abendessen platzte dann eine Bombe.

Nachdem Ivan das Geschirr in die Spülmaschine gestellt hatte, sagte er: „Ich würde gerne mit euch allen reden. Es ist wichtig.“

Dr. Moosburger blickte ihn fragend an.

Der Haushälter setzte sich an den Tisch und begann: „Äh … also … ich habe ein Angebot bekommen. Von Georg Tusch. Das ist einer der besten Köche Deutschlands. Er besitzt in Hamburg ein Hotel und ein Restaurant, das der Feinschmeckertempel schlechthin geworden ist.“

Penny ahnte, was jetzt kam.

„Äh … also, Georg Tusch hält den Kurs ab, den ihr mir zum Geburtstag geschenkt habt. Und er … er hat mich gefragt, ob ich nicht bei ihm arbeiten möchte.“

„Heißt das, du wirst hier kündigen und uns verlassen?“, fragte Penny.

„So würde ich es nicht nennen“, sagte Ivan verlegen. „Ich meine, ich möchte mich gerne weiterbilden. Der Job ist eine große Herausforderung. Das versteht ihr doch.“

Penny war jetzt klar, wieso er plötzlich sein Outfit verändert hatte. Wahrscheinlich hatte der Starkoch es von ihm verlangt. Daran erkannte sie, wie wichtig Ivan dieses Angebot war.

„Da meine Frau zurzeit fort ist, trifft uns das natürlich besonders hart“, meinte Dr. Moosburger. „Wie lange wirst du noch bleiben?“

„Na ja, der Kurs endet morgen und Herr Tusch möchte, dass ich sofort nach Hamburg komme. Einer seiner Leute ist nämlich schwer erkrankt und er braucht dringend einen Ersatz. So eine Gelegenheit kriege ich bestimmt nie wieder.“

Ab Donnerstag ganz auf sich allein gestellt zu sein, konnte sich die Familie kaum vorstellen.

„Bitte, versteht, es tut mir leid, aber ein solches Angebot …“, stotterte Ivan.

„Du brauchst dich nicht zu entschuldigen“, meinte Herr Moosburger. „Du hast in diesem Haus immer weit mehr gemacht, als eigentlich vereinbart war. Wir sind dir wirklich dankbar für alles und wünschen dir viel Glück. Wir werden dich sehr vermissen.“

Ivan wischte sich über das Gesicht. „Mensch, jetzt heule ich auch noch. Ich bin wirklich ein sentimentaler Blödmann.“

Penny hatte das Gefühl, vom Unglück verfolgt zu sein. Mit Ivan verlor sie einen sehr guten Freund, denn nach ein paar Telefonaten oder E-Mails würde sicher bald Funkstille herrschen.

„Übrigens muss ich euch auch noch etwas erzählen!“, verkündete Romeo. „Und zwar geht es um letzte Nacht!“

Penny hob den Kopf und starrte den kleinen Bruder entsetzt an. Würde er jetzt seine Drohung wahr machen?

Lügen haben kurze Beine

„Was war letzte Nacht?“, wollte Dr. Moosburger wissen.

Romeo ließ sich mit der Antwort Zeit.

Penny sah schon das wütende Gesicht ihres Vaters vor sich, wenn er die Wahrheit erfuhr. Er war zwar ein normalerweise überaus friedfertiger Mann, aber bei Lügen platzte ihm der Kragen. Die Reise nach Afrika konnte sie vergessen. Dabei hatte sie sich schon so darauf gefreut.

Fieberhaft überlegte Penny, wie sie Romeo stoppen könnte. Aber es fiel ihr nichts ein.

„Was war letzte Nacht?“, fragte der Tierarzt ungeduldig.

„Da war es stockfinster!“, erwiderte Romeo mit breitem Grinsen.

Kolumbus verzog das Gesicht. „Soll das vielleicht witzig sein?“

Penny, deren Pulsschlag sich verdoppelt hatte, lehnte sich erleichtert zurück. Romeo blickte sie triumphierend an. Er genoss es, seiner großen Schwester solche Angst eingejagt zu haben. Dann rannte er lachend aus der Küche.

„Hatten wir heute ein Scherzpulver im Essen?“, fragte der Doktor verwundert.

Penny folgte Romeo, doch der hatte sich bereits in seinem Zimmer eingeschlossen und ignorierte ihr hartnäckiges Klopfen.

Grollend kehrte sie in die Küche zurück.

„Wo ist Robin?“, fragte sie Ivan, als sie Milli den Futternapf leer schlecken sah.

„Oben im Wohnzimmer. Er will nichts fressen. Nicht einmal sein Lieblingsfutter, gekochtes Huhn. Liegt nur da und schläft!“

Penny ging nachsehen und fand den Sennenhund genau so vor, wie Ivan es beschrieben hatte. Robin reagierte nicht einmal auf ihr Rufen. Sonst drehte er wenigstens die Ohren zu ihr, wenn er zu faul war, den Kopf zu heben.

Sie setzte sich neben ihn aufs Sofa, auf dem er ausgestreckt lag, und befühlte seine Nase. Sie war trocken und warm. Vielleicht schon zu warm.

Hoffentlich hat er kein Fieber, dachte sie und sagte dann: „Komm schon, friss ein bisschen! Du musst wieder zu Kräften kommen. Oder bist du noch sauer, weil ich die Welpen gestreichelt habe? Du weißt doch, dass ich nur dich und Milli gernhabe. Ihr seid meine Hunde“, redete Penny auf ihn ein und bemühte sich dabei, ihre Stimme besonders sanft und freundlich klingen zu lassen.

Der Berner Sennenhund hob den Kopf und sah sie mit seinen großen dunklen Augen an. Penny konnte den Blick nicht deuten. War er vorwurfsvoll? Oder traurig? Oder wollte Robin Mitleid erwecken?

„Komm schon, komm fressen!“, bat sie ihn. Robin rutschte endlich vom Sofa. Hinkend folgte er Penny ins Erdgeschoss.

In der Küche holte Penny seinen Napf, in dem Ivan schon Hundeflocken und gekochtes Huhn vermischt hatte. Sie stellte ihm das Futter an den gewohnten Platz und Robin kam langsam näher.

„Ich fühle mich wie ein Verräter. Wie einer, der

das Schiff verlässt, obwohl jeder Mann an Bord dringend gebraucht wird", hörte sie Ivan hinter sich sagen.

Penny richtete sich auf und drehte sich zu ihm. „Bist du aber nicht!", versicherte sie ihm. „Obwohl du ... also ... ich meine ... du wirst mir sehr fehlen." Sie seufzte tief.

Ivan kannte Penny gut. Er merkte, dass etwas mit ihr nicht stimmte, und sprach sie darauf an.

Penny schloss die Küchentür und begann zu erzählen. Sie hielt nur ein einziges Mal im Reden inne, als Robin an der Küchentür kratzte, weil er hinauswollte.

Penny sah seinen leeren Futternapf, atmete erleichtert auf und öffnete ihm die Tür. Robin verzog sich wieder nach oben. Milli tapste hinter ihm her. Sie war so vollgefressen, dass sie ihm nur mit Mühe folgen konnte. Sie hatte nämlich auch Robins Portion verdrückt, ohne dass ihrem Frauchen das aufgefallen war.

„Was sagst du dazu?", wollte Penny von Ivan wissen, als sie am Ende ihrer Geschichte angekommen war.

„Ich meine, du solltest allen reinen Wein einschenken. Wenn du mit deinem Vater redest, brauchst du keine Angst mehr zu haben. Dann bist du sicher vor dem Kerl, der dir auf dem Grundstück der Rothenbaums begegnet ist."

„Spinnst du? Paps dreht garantiert durch. Ich wette, er streicht mir sofort die Afrikareise. Zurzeit ist er ohnehin sehr streng!", brauste Penny auf. „Erinnere dich doch daran, wie er sich damals aufgeführt hat, als wir das Schwein gerettet und ihn angelogen haben."*

„Dann geh zu den Rothenbaums und entschuldige dich. Versuch mit ihnen zu reden, was kann dir schon passieren? Sie werden dich bestimmt nicht in einen Kerker werfen. Sie werden schlimmstenfalls mit deinem Vater sprechen. Vielleicht kannst du das sogar abwenden."

Penny schüttelte den Kopf. Nein, das konnte und wollte sie nicht tun.

Ivan legte seine Hand auf ihre und meinte ernst: „Glaube mir, mit der Wahrheit kommst du am weitesten. Lügen haben kurze Beine."

„Trotzdem, ich ... ich ... nein, das kann ich nicht! Aber was soll ich nur mit meinem Lehrer machen?" Allein der Gedanke an ihn beunruhigte sie.

---

*Sieben Pfoten für Penny, Band 9: Ein Schwein zum Knutschen

„Frag ihn, ob er diesem Fiesling tatsächlich deinen Namen genannt hat. Dann solltest du ihn nämlich schnellstens vergessen, weil er selbst ganz schön fies ist. Falls er es nicht getan hat, wirst du wahrscheinlich in Deutsch und Geschichte besonders gute Noten bekommen. Das ist fast immer so, wenn man sich in einen Lehrer oder eine Lehrerin verknallt", erklärte Ivan lachend.

Penny warf ihm einen wütenden Blick zu. Die Sache war zu ernst, um darüber zu lachen.

„Ich … also ich komme morgen nicht mehr", sagte Ivan dann. „Ich muss packen und mich um die Auflösung meiner Wohnung kümmern."

„Mach's gut, Kumpel", sagte Penny, die sich plötzlich sehr einsam fühlte.

Ivan ging auf sie zu und umarmte sie herzlich. „Ich werde dir nie vergessen, dass du damals auf die Idee mit dem Haushälter gekommen bist und mir damit aus der Patsche geholfen hast. Du bist schwer in Ordnung, Penny!"

Die Worte taten ihr gut.

„Und jetzt hau ab, weil ich sonst losheule!", sagte sie mit belegter Stimme.

„Ich muss aber noch einiges vorbereiten, sonst verhungert ihr ja!", erwiderte Ivan.

Penny drehte sich um und ging zu den Welpen. Die drei lagen eng aneinandergekuschelt in einer Ecke und schliefen schon. Sie wachten auf, als Penny die Box betrat, kamen sofort zu ihr und ließen sich streicheln und kraulen.

Beim Hinausgehen sah Penny, dass kaum noch Futter da war. Sie musste nach der Schule unbedingt welches besorgen.

Milli und Robin lagen nebeneinander auf dem Sofa und schnarchten. Penny weckte sie und ermunterte sie, zu ihr hinaufzukommen. Die Hunde schüttelten sich und ließen sich dann zurücksinken. Sie hatten den starken Welpengeruch an Pennys Händen gewittert und waren wieder beleidigt.

„Wenn ihr meint …“, sagte Penny enttäuscht und verließ das Wohnzimmer. Auch Hunde konnten manchmal sehr anstrengend sein.

Sie zog sich in ihr Zimmer zurück und legte sich hin. Obwohl ihr viele Gedanken durch den Kopf gingen, schlief sie bald ein.

Eine kleine Schachtel

Am nächsten Morgen herrschte das totale Chaos. In der Nacht hatte es einen Stromausfall gegeben, weshalb sich die Radiowecker nicht einschalteten.

Dr. Moosburger hatte vor einiger Zeit ein Sonderangebot entdeckt und für jedes Mitglied der Familie den gleichen Wecker gekauft.

Romeo wurde durch Zufall munter und machte die anderen wach.

Da es bereits halb acht war, musste jetzt alles doppelt so schnell gehen. Auf das Frühstück wurde aus diesem Grund verzichtet.

Penny verabschiedete sich hastig von den Hunden und rief ihrem Vater zu, er möge Milli und Robin doch kurz hinauslassen, bevor er die Praxis aufsperrte. Auch die Welpen mussten noch gefüttert werden.

Vom Unterricht bekam Penny kaum etwas mit. In Gedanken weilte sie schon bei Hans Georg im *Café Schwarz*. Nach der Schule eilte sie sofort dorthin und wählte den Tisch, an dem sie am Vortag gesessen hatten.

Sie wartete und wartete, aber der Lehrer erschien nicht.

Nach einer Stunde bezahlte sie ihren Tee und ging. Hans Georg hatte sie versetzt und das war für Penny eines der allerschlimmsten Vergehen.

Bestimmt quält ihn sein schlechtes Gewissen, weil er beim Telefonat mit den Rothenbaums einen Fehler gemacht hat, dachte sie grimmig.

Zu Hause angekommen, rief sie nach Milli und Robin. Normalerweise begleiteten die beiden Hunde sie jeden Tag zur Schule. Es war für Penny richtig ungewohnt gewesen, sie nicht neben sich hertrotten zu sehen.

Milli rannte schwanzwedelnd die Treppe herunter und stürmte sofort in die Küche. Sie richtete sich kläffend vor dem Regal auf, auf dem die Hundekuchen standen.

„Wo ist Robin?“, fragte Penny und rief den Sennenhund.

Doch Robin kam nicht.

Penny eilte hinauf ins Wohnzimmer. Robin lag auf dem Sofa. Seine Nase war noch trockener als am Vortag und ganz heiß. Er reagierte kaum, als Penny ihn berührte. Sie rüttelte ihn und drängte ihn aufzustehen, aber er hob nur müde die Augenlider und ließ sie gleich darauf wieder zufallen.

„Paps, Paps, schnell, Robin ...!“ Mit diesen Worten hastete sie in das Behandlungszimmer. Ihr Vater hatte zum Glück gerade keinen Patienten, sondern war in eine Fachzeitschrift vertieft.

„Hast du heute Morgen nicht bemerkt, was mit ihm los ist?“, fragte Penny vorwurfsvoll. „Es geht ihm schlecht, sehr schlecht. Er hat Fieber und bewegt sich kaum!“

Dr. Moosburger kam sofort mit. „Ich habe in der Früh die Eingangstür für die Hunde offen gelassen. Milli ist rausgelaufen. Ob Robin auch draußen war, weiß ich nicht. Es kam gleich um acht ein Notfall, ein Dackel, der von einem Auto angefahren worden ist. Ich musste operieren.“

Der Tierarzt kniete sich im Wohnzimmer vor das Sofa und untersuchte Robin. Sein Gesicht wurde von Sekunde zu Sekunde ernster.

„Was ist?“, fragte ihn Penny beunruhigt.

„Ich verstehe das nicht. Anscheinend handelt es sich um eine schwere Entzündung. Er muss einen großen Eiterherd in einer oder vielleicht sogar in beiden Wunden haben. Deshalb ist er so weggetreten. Komm, wir tragen ihn runter. Ich muss die Wunden noch einmal öffnen und reinigen.“

Penny liefen die Tränen über die Wangen. „Bitte Paps ... bitte, du musst ihn wieder gesund machen!“, schluchzte sie. „Du hast sicher etwas falsch gemacht.“

Matthias Moosburger wirkte ziemlich verstört. Er schickte Penny aus dem Behandlungszimmer und rief nach der Sprechstundenhilfe.

Penny rannte nach oben in ihr Zimmer. Sie musste irgendetwas tun, sonst drehte sie durch.

Da sie schon längere Zeit nicht aufgeräumt hatte, begann sie, die herumliegenden Klamotten in den Schrank zu hängen. Die schmutzigen Sachen warf sie auf einen Haufen.

In dem Kapuzen-Shirt, das sie vor zwei Tagen getragen hatte, spürte sie einen kantigen Gegenstand.

Sie fasste in die Bauchtasche und zog eine längliche Schachtel heraus.

Erschrocken fuhr sie zusammen. Nein, das durfte nicht wahr sein! Sie schloss sekundenlang die Augen. Was hatte sie nur angerichtet?

Sie hielt das Antibiotikum in der Hand, das sie Robin hätte verabreichen sollen. Ohne dieses Mittel konnten sich die Krankheitskeime in seinem Körper ungehindert ausbreiten. Es war einzig und allein ihre Schuld, dass es ihm so schlecht ging.

Sie stürmte die Treppe hinunter und stieß im Vorzimmer mit ihrem Vater zusammen.

„Es geht ihm nicht gut!“, sagte der Tierarzt mit besorgter Miene. „Das Antibiotikum scheint bei ihm nicht zu wirken. Ich gebe ihm jetzt ein anderes Präparat, das ich normalerweise nicht so gerne verabreiche.“

„Paps“, stieß Penny hervor. „Paps, ich … es ist … also … Paps …“

Ihr Vater legte beruhigend den Arm um ihre Schulter. „Es wird schon wieder, Penny. Ich habe schon viel schlimmere Fälle gehabt!“, versuchte er sie zu trösten.

„Paps, ich … also ich habe …“ Mehr bekam Penny nicht heraus.

„In wenigen Stunden werden wir wissen, ob Robin über den Berg ist. Geht es ihm gegen Abend besser, dann hat er auf das Medikament gut angesprochen und wird in ein paar Tagen wieder auf den Beinen sein."

Penny beschloss, das Geständnis auf später zu verschieben, und lief zu ihrem Sennenhund. Ihr blutete das Herz, als sie ihn so hilflos daliegen sah.

Schluchzend hockte sie sich neben ihn. Sie streichelte vorsichtig über seine heißen Lefzen und kraulte ihn zärtlich an den Ohren. „Bitte, bitte, verzeih mir, Robin. Ich flehe dich an, werde ganz schnell wieder gesund!"

Die trockene, raue Zunge des Hundes leckte ihr über die Hand.

Penny blieb noch eine halbe Stunde neben ihm sitzen und redete sanft auf ihn ein.

Als die drei Welpen nicht zu winseln aufhörten, lief sie zu ihnen.

Das Futter, ich hab's völlig vergessen, fiel ihr plötzlich ein. Sie durchstöberte die Kiste mit den Probepackungen und fand noch zwei Beutel Welpennahrung. Das Haltbarkeitsdatum war allerdings vor vier Wochen abgelaufen, aber so genau musste man das bestimmt nicht nehmen.

Sie füllte die Körnchen in eine Schüssel und stellte sie den Welpen in die Box. Gierig machten sie sich darüber her und schlabberten anschließend jede Menge Wasser.

Penny hingegen hatte überhaupt keinen Appetit, als sich alle zum Mittagessen in der gemütlichen Küche einfanden.

„He, ich muss euch etwas Irres erzählen", begann Romeo. „Vor zwei Nächten, da habe ich etwas ganz Seltsames geträumt. Vielleicht ist es ja auch wirklich geschehen. Wer kann das schon so genau sagen?"

Penny bekam einen Schweißausbruch. Das also war jetzt Romeos Rache.

„Ich habe geträumt, ich höre, wie jemand die Treppe raufkommt und in das Zimmer neben meinem geht", fuhr der kleine Bruder fort.

„Also in Pennys Zimmer!", sagte Matthias Moosburger.

Romeo nickte. „Genau, in Pennys Zimmer. Und nach einer Weile kommt derjenige wieder raus und rennt polternd die Treppe hinunter!"

Penny starrte den Bruder mit einer Mischung aus Wut und Verzweiflung an. Bitte, halt endlich die Klappe!, flehte sie innerlich.

„Und wer soll das gewesen sein?“, fragte der Tierarzt.

Romeo zuckte die Achseln. „Keine Ahnung, aber vielleicht weiß es Penny. Schließlich ist es ihr Zimmer, oder?“

Meistens regte sich Penny auf, wenn ihr Vater in Gedanken noch bei seinen Patienten war und nicht genau zuhörte. Diesmal jedoch war sie froh, dass er aufstand und beim Hinausgehen meinte: „Ja, ja, sehr interessant, Romeo!“

„Aber Penny hat doch noch gar nicht gesagt, wer in ihrem Zimmer war!“, rief Romeo ihm nach.

„Ich mache Blutwurst aus dir!“, drohte Penny ihm und sprang auf. Romeo war schneller und flüchtete sofort nach oben.

Er hatte an der Innenseite der Zimmertür sieben Schlösser angebracht. Diese Maßnahme erschien ihm lebenswichtig bei zwei älteren Geschwistern.

In diesem Moment fasste Penny einen Entschluss.

Die größte Niederlage

Es war kurz nach vier Uhr, als Penny vor dem weiß gestrichenen schmiedeeisernen Tor stand. An den beiden gemauerten Pfeilern waren Überwachungskameras angebracht.

Sie läutete und beugte das Ohr zur Gegensprechanlage. Nervös wischte sie sich die schweißnassen Hände an ihrer Jeans ab. Leicht war ihr der Gang hierher nicht gefallen.

„Ja, bitte?“, meldete sich eine Männerstimme. Penny erkannte sie sofort wieder.

„Ich … ich möchte mit Ihnen sprechen“, sagte sie.

„So, so, wie interessant!“, meinte der Mann.

Es surrte und das schwere Tor ließ sich öffnen. Penny betrat das Grundstück der Rothenbaums diesmal auf erlaubtem Weg und schloss das Tor hinter sich.

Laut bellend kamen die drei Rottweiler auf sie zugestürzt und blieben knurrend und mit gefletschten Zähnen vor ihr stehen.

„Ihr Armen“, sagte Penny mitleidsvoll. Rottweiler waren in letzter Zeit in Verruf geraten. Sie galten als besonders gefährliche und scharfe Hunde. In Wirklichkeit waren sie das aber nicht. Sie konnten genauso freundlich und sanft sein wie jeder andere Hund. Es waren ihre Besitzer, die sie zu aggressiven, angriffslustigen und bissigen Tieren abrichteten.

Mit steifen Schritten kam der Mann den Weg herunter. Er hatte ein Gewehr geschultert.

Bei Tageslicht wirkte er noch missmutiger und unzufriedener als bei Dunkelheit. Penny fand vor allem die roten Adern unter der Haut der Wangen und der Nase abstoßend, die wohl von übermäßigem Alkoholgenuss herrührten.

„Kommen Sie mit, Fräulein“, sagte der Mann von oben herab und deutete mit dem Lauf des Gewehrs den Weg hinauf.

Penny rührte sich nicht von der Stelle. „Zuerst hätte ich gerne gewusst, wer Sie sind“, sagte sie.

„Ach, ich habe ganz vergessen, dass wir einander noch nicht vorgestellt worden sind. Mein Name ist Hubert Angerer. Ich bin der Verwalter des Gutes und des Jagdreviers der Familie Rothenbaum. Dass Sie Penelope Moosburger sind, weiß ich bereits.“

„Woher?“, fragte Penny.

„Sie haben neulich in der Pferdebox einen Brief verloren, der an Sie adressiert war.“

Es war also nicht Hans Georg gewesen, der sie verraten hatte, war Pennys erster Gedanke.

Herr Angerer führte Penny zu dem Häuschen, in dem in der schrecklichen Nacht Licht gebrannt hatte. Als sie eintraten, fragte eine sanfte Frauenstimme: „Wer ist denn gekommen, Hubert?“

„Das geht dich nichts an, Mathilde!“, antwortete der Verwalter barsch.

„Entschuldige meine Neugier“, meinte die Frau, der die unhöfliche Behandlung nichts auszumachen schien.

Herr Angerer führte Penny in ein vollgestopftes Wohnzimmer, an dessen Wänden kleine und große Geweihe hingen. Jedes war auf einer Holztafel montiert und mit dem Abschussdatum versehen.

Der Verwalter forderte Penny auf, sich zu setzen. Er selbst blieb stehen und marschierte vor ihr auf und ab, während er ihr eine lange Strafpredigt hielt. Er genoss offensichtlich ihre Niederlage.

Penny war völlig zerknirscht und machte den Eindruck, als ob sie wirklich bereute, was sie getan hatte.

„Wenigstens siehst du ein, wie dumm, dreist und kindisch deine Aktion war. Aber von der heutigen Jugend kann man ohnedies nichts Vernünftiges erwarten."

Penny sprang wütend auf und sagte langsam und deutlich: „Aber Sie finden es vernünftig, wenn Ihr Chef und seine Gäste auf wehrlose Tiere schießen, die sich nicht einmal verstecken können? Und Sie unterstützen auch noch diese miese und feige Aktion! Oder dürfen Sie sogar mitknallen und sich beweisen, was für ein toller Kerl Sie sind?"

In der Tür erschien eine kleine, alte Frau, die ihre fleckige Schürze knetete.

„Ist alles in Ordnung?", fragte sie besorgt.

„Das geht dich einen Dreck an, Mathilde. Geh in die Küche und mach das Essen!"

„Bitte, gib mir noch das Haushaltsgeld", sagte die Frau demütig. „Ich muss doch wieder einkaufen gehen. Und denk an die Küchenhilfe für nächste Woche. Am Mittwoch geben die Rothenbaums das große Abendessen für ihre Gäste, die am Donnerstag zur Jagd eingeladen sind."

Herr Angerer drehte sich zu Penny um und kniff die Augen zusammen. „So, mein Fräulein, ich gebe dir nun die Chance, einiges wiedergutzumachen. Du wirst nächste Woche meiner Frau zur Hand gehen und ihr beim Kochen helfen. Ich schlage vor, du kommst jeden Nachmittag um drei Uhr und bleibst bis sieben."

„Aber so lange brauche ich sie gar nicht!", meinte Frau Angerer.

„Halt dich da raus und verschwinde endlich!", schnauzte ihr Mann sie an. Die Frau rang sich ein Lächeln ab und ging.

„Und was ist, wenn ich mich weigere?", fragte Penny trotzig.

„Dann werde ich der Polizei die Filme geben, die die Überwachungskameras von dir gemacht haben. Außerdem werde ich ein ärztliches Gutachten vorlegen, dass ich von deinem Hund schwer verletzt wurde und nun meinen Beruf nicht mehr ausüben kann. Deine Eltern können dann zahlen, bis sie bankrott sind, das kannst du mir glauben!"

Penny wusste, dass ein neuer Wutausbruch sie in noch größere Schwierigkeiten bringen würde. Deshalb willigte sie ein. Auch wenn sie das Gefühl hatte, soeben ihr Gesicht verloren zu haben. Überhaupt war dies die größte Niederlage, die sie jemals hatte einstecken müssen.

Aber vielleicht gab es doch noch einen Ausweg …

Ärger mit Romeo

Zwei Stunden später kam Penny nach Hause zurück. Ob es Robin schon besser ging?, fragte sie sich. Vielleicht war er auch noch schwächer und müder geworden.

Wieder machte sie sich schwere Vorwürfe, dass sie Robin die Tabletten nicht gegeben hatte.

Als Penny das Haus betrat, fiel ihr als Erstes auf, wie ungewohnt still es war. Kein Ivan, der in der Küche fröhlich vor sich hin pfiff. Keine Hunde, die ihr schwanzwedelnd entgegenkamen. Kein lärmender kleiner Bruder.

Penny fühlte sich elend. Ich werde mit Paps reden, beschloss sie. Ich werde ihm alles erzählen und er wird mich bestimmt verstehen.

Sie öffnete die Verbindungstür zur Praxis einen Spaltbreit und spähte hinein. Eine Frau mit einem Cockerspaniel verabschiedete sich gerade. Kaum war sie draußen, trat Penny ein. „Ich … ich will nur zu Robin“, sagte sie zu ihrem Vater. „Und könnte ich dich heute Abend sprechen? Ich meine, hast du ein bisschen Zeit?“

Ihr Vater starrte auf ihre Füße und brummte: „Wie oft habe ich euch schon gesagt, ihr sollt nicht mit den Straßenschuhen in die Praxis kommen! Wofür stehen die Pantoffeln neben der Tür?“

Penny streifte die schmutzigen Sportschuhe ab und stieg in die Holzpantinen. „Paps, ich habe dich etwas gefragt. Es ist sehr wichtig, ich … weißt du … ich … habe Mist gebaut und muss deshalb mit dir reden … bitte!“

Der Tierarzt blätterte in einem Stapel Post und hörte nur mit halbem Ohr zu. „Ja, ja, selbstverständlich reden wir … aber mach es nicht so spannend. Also, was hast du angestellt, Tochter?“

„Ich … ich … habe vergessen, Robin das Antibiotikum zu geben!“, gestand Penny.

Dr. Moosburger blickte sie vorwurfsvoll an und sagte: „Wie konntest du nur so gedankenlos sein! Irgendwie habe ich den Eindruck, die Hunde sind dir zur Last geworden. Du kümmerst dich nur noch widerwillig um sie. Du hast sogar Romeo mit Milli spazieren geschickt, weil du keine Zeit mehr dafür hast. Penny, das hätte ich nie von dir gedacht."

Penny schluckte heftig. Nein, sie würde ihrem Vater niemals alles erzählen. Lieber biss sie sich die Zunge ab.

„Wir befinden uns in einer schwierigen Situation und müssen alle zusammenhalten", fuhr Dr. Moosburger fort. „Ich möchte dich daran erinnern, dass du nicht ausgenommen bist. Wenn es Ärger mit dir gibt, kannst du die Reise nach Afrika vergessen. Hast du mich verstanden?" Er sah sie jetzt nicht einmal mehr an, sondern starrte die ganze Zeit auf einen Briefumschlag, der vor ihm lag.

Penny wollte sich verteidigen und ihren Vater daran erinnern, dass dasselbe auch für Romeo und Kolumbus gelten müsste. Aber sie beschloss, ihn nicht noch mehr zu verärgern, denn im Augenblick war Robin wichtiger für sie.

Mit zitternden Händen drückte sie die Türklinke der Krankenstation nieder. Vom Geräusch geweckt, hob Robin den Kopf. Er winselte traurig, als er sein Frauchen erkannte.

„Hallo, du … wie geht es dir?“, fragte Penny leise und setzte sich neben ihn auf den Boden.

Robin hob den Kopf und ließ ihn schwer auf ihren Schoß sinken.

„Heißt das, du fühlst dich schon besser?“, fragte Penny hoffnungsvoll und Robin leckte ihr mit der Zunge über die Hand.

Seine Nase war wieder etwas feuchter und nicht mehr so heiß. Die Wunden waren beide frisch versorgt. Der Sennenhund ließ sich von Penny lange kraulen und seufzte vor Behagen.

Später füllte Penny frisches Wasser in seinen Napf und schaute sich danach die Welpen an. Die drei lagen schläfrig in einer Ecke und gähnten herzhaft, als sie Penny sahen. „Ihr seid aber ganz schön faul!“, stellte Penny fest und füllte die Futterschüssel wieder mit den braunen Körnern auf.

Da kein neuer Patient gekommen war, konnte Penny durch das Behandlungszimmer zurück in den Wohnbereich gehen. Sie betrat fast gleichzeitig mit Romeo und Rudi das Vorzimmer.

„Was soll das heißen, du musst mit Milli spazieren gehen?“, stellte sie den Bruder zur Rede.

Romeos abstehende Ohren begannen zu glühen. Ein klares Zeichen für sein schlechtes Gewissen. „Äh ... na ja ... die Arme war schon lange nicht mehr draußen. Rudi und ich haben Mitleid mit ihr gehabt. Übrigens grüßt man, bevor man Fragen stellt."

Penny ließ sich nichts vormachen und packte ihn am Ohr. „Raus mit der Sprache, wieso hast du Milli mitgenommen? Da steckt doch etwas dahinter."

Romeo war es sehr peinlich, vor dem Freund wie ein Baby behandelt zu werden, und drohte Penny: „Na warte, heute sage ich Paps alles!"

Penny ließ ihn sofort los und er rieb sich das schmerzende Ohr. „Zisch ab!", schnauzte sie ihn an und stürmte dann die Treppe hoch. Milli, die bisher hinter den Jungen gestanden hatte, folgte ihr dicht auf den Fersen.

„Der kleine Staubwedel ist ohnehin nicht dafür geeignet. Wir brauchen Robin, aber der ist krank", hörte sie gerade noch den Bruder zu seinem Freund sagen.

Es war sinnlos, ihn zu fragen, was er damit meinte. Deshalb versuchte es Penny erst gar nicht.

Sie holte eines ihrer Tagebuchhefte hervor, doch schon nach ein paar Sätzen klappte sie es wieder zu und ging unruhig im Zimmer auf und ab. Milli lag in dem großen Korb, den sie sich sonst mit Robin teilte, und blickte sie fragend an.

„Was soll ich nur machen?“, jammerte Penny. „Wie komme ich aus diesem Schlamassel wieder heraus?“

Gegen sechs Uhr abends ging sie noch einmal zu Robin in die Krankenstation. Als sie die Tür öffnete, schlug ihr ein stechender Geruch entgegen. Er kam aus der Box der Hundewelpen. Sie lief rasch zur Gittertür und sah hinein.

„Oh nein!“, stöhnte sie und rief laut: „Paps, bitte komm ganz schnell!“

Noch ein Fehler?

Alle drei Welpen hatten Durchfall.

Der Boden der Box war völlig verdreckt und verschmiert, ebenso ihr helles Fell.

Völlig matt lagen die drei in eine Ecke gedrängt und atmeten schwer.

Dr. Moosburger eilte herbei und sagte zu Penny: „Sie müssen sofort in eine andere Box. Sonja ist aber schon gegangen. Könntest du diese da putzen?“

Mit einem Seufzer holte Penny die drei kleinen Hunde heraus und steckte sie in eine andere Box. Mit Eimer und Wischtuch ausgerüstet, machte sie sich dann ans Putzen. Der Gestank war so schlimm, dass sie die Luft anhalten musste, um sich nicht zu übergeben.

Erst jetzt bemerkte sie, dass die Welpen das nachgefüllte Futter gar nicht angerührt hatten.

Dr. Moosburger flößte ihnen Tropfen ein und Penny hörte ihn sagen: „Die müssten schnell helfen. Morgen geht es euch besser und bestimmt werdet ihr dann wieder fressen."

Wenn er nur Recht behielt!

Plötzlich fiel Penny ein, dass das Verfallsdatum auf dem Welpenfutter bereits um mehrere Wochen überschritten gewesen war. Doch sie hatte sich nichts dabei gedacht, als sie es ihnen zu fressen gab.

„Paps ... woher kommt der Durchfall?", fragte sie zögernd.

„Der kann viele Ursachen haben. Die Welpen sind in einer neuen Umgebung gelandet. Das bedeutet für sie Stress. Welpen sind nämlich sehr empfindlich und ihre Abwehrkräfte sind oft noch schwach."

„Und schlechtes Futter?", forschte Penny weiter.

„Das ist das Schlimmste. Schlechtes Futter kann sie umbringen."

Penny schluckte heftig.

„Aber das haben sie bei uns bestimmt nicht bekommen. Ich nehme eher an, es ist der Ortswechsel. Die Tropfen, die ich ihnen gegeben habe, wirken normalerweise Wunder. Zu fressen bekommen sie heute jedoch nichts mehr. Nur viel Wasser sollten sie trinken."

Penny kämpfte mit sich selbst. Sollte sie ihren Vater über das abgelaufene Verfallsdatum informieren? Und wenn es doch mit der neuen Umgebung zu tun hatte, wie er vermutete? Schließlich zog sie es vor zu schweigen.

Hoffentlich erholten sich die Welpen wirklich so schnell.

Aber wer hatte sie ihnen nur gebracht? Wieso meldete sich der große Unbekannte nicht, wie er versprochen hatte?

In der Nacht wurde Penny von Albträumen gequält. Schweißnass wachte sie mehrere Male auf und stellte fest, dass sie sogar ihre Kissen aus dem Bett geschleudert hatte.

Bereits um sechs Uhr morgens stand sie auf und lief hinunter in die Krankenstation.

Robin war schon wach und begrüßte sie schwanzwedelnd. Er wirkte zwar müde, aber auf jeden Fall ging es ihm besser.

Von den Welpen konnte man das nicht behaupten. Sie hatten noch immer Durchfall und mussten wieder die Box wechseln. Dabei fiel Penny auf, wie schlaff und kraftlos sie waren.

Schnell lief sie zurück in die Wohnung und weckte ihren Vater. Noch im Schlafanzug eilte er in die Praxis und untersuchte die kleinen Hunde. „Das muss ein gefährlicher Krankheitskeim sein“, stellte er fest und machte ein ernstes Gesicht. „Die drei haben viel Flüssigkeit verloren. Sie müssen sofort eine Infusion bekommen.“

Ein *Krankheitskeim*? In altem Futter bildeten sich schnell Keime, das wusste Penny.

Es war für sie schlimm mit anzusehen, wie die Welpen nun behandelt werden mussten.

Dann brachten sie sie wieder in die Krankenstation zurück.

„Und jetzt?“, fragte Penny leise, nachdem sie eingeschlafen waren.

„Abwarten. Ich werde auf jeden Fall ihren Kot untersuchen lassen. Wenn ich den genauen Keim kenne, kann ich sie besser behandeln.“

„Ist es sehr schlimm?“, erkundigte sich Penny besorgt.

Ihr Vater nickte. „Vor allem ist es mir ein völliges

Rätsel, wieso sich ihr Zustand so rapide verschlechtert hat. Es muss sich um einen ganz besonders schlimmen Keim handeln. In letzter Zeit tauchen da öfter neue auf."

„Es ist meine Schuld!", platzte Penny heraus. „Ich habe ihnen verdorbenes Futter gegeben!"

Ihr Vater hob erstaunt die Augenbrauen. „Was soll das heißen?"

„Ich … ich wollte die gleiche Welpennahrung besorgen, die sie zuerst bekommen haben. Aber dann habe ich es nicht mehr geschafft und ihnen eine andere Probe gegeben." Als sie vom überschrittenen Verfallsdatum erzählte, seufzte ihr Vater tief.

„Wir hätten die Hunde sofort weitergeben müssen. Es war wirklich ein Fehler, dass ich mich von dir habe überreden lassen, sie zu behalten. Überhaupt … was ist los mit dir, Penelope? Wieso hast du das nicht schon gestern gesagt? Deine Feigheit kann für die armen Welpen lebensgefährlich sein. Ich werde von diesem Futter auch gleich eine Probe ins Labor schicken."

Es war Dr. Moosburger anzusehen, dass er das Verhalten seiner Tochter nicht verstand und sehr besorgt war, als er den Raum verließ.

Penny blieb allein zurück. Sie ließ Kopf und Arme

hängen und unterdrückte nur mit Mühe die Tränen. Wann war diese Pechsträhne endlich zu Ende? Das konnte doch nicht immer so weitergehen!

Robin kam zu ihr und schmiegte seinen Körper gegen ihre Beine. Er schlug mit dem Schwanz und gähnte heftig. Wenigstens ihm ging es bereits besser.

Es klingelte lang an der Haustür.

Wer konnte das sein, so früh am Morgen?

Robin begann zu bellen. Gleich darauf wurde er von Milli, die die Treppe herunterkam, lautstark unterstützt.

Penny öffnete die Tür und prallte zurück.

Auf der Fußmatte stand ein runder Weidenkorb. Darin lag ein Baby, das strampelte und schrie.

Hinter der Kurve des Zufahrtswegs wurde ein Auto gestartet. Penny lief hinaus und versuchte zu erkennen, um was für einen Wagen es sich handelte.

Aber sie kam zu spät und konnte das Auto nicht mehr sehen. Nur das eigentümliche Knattern des Auspuffs hörte sie noch. Es waren drei laute Knaller hintereinander und nach einer Pause folgte ein vierter.

Neugierig beschnupperten Milli und Robin das Baby.

Es strampelte heftig und brüllte aus Leibeskräften. Penny nahm den Korb und trug ihn schnell ins Haus. Das Baby sollte sich nicht erkälten.

Als sie es vorsichtig in die Höhe hob, entdeckte sie unter der Decke eine Schachtel Babynahrung, drei Fläschchen, eine Liste mit getippten Anweisungen, Windeln, Spielzeug und etwas Babykleidung.

Ein Zettel lag auch dabei: *Kümmere du dich um den Kleinen.* Der nächste Satz war mehrfach dick durchgestrichen und nicht mehr lesbar. Danach stand: *Ich melde mich bald.* Die Sätze dahinter waren wieder übermalt.

„Kolumbus!“, murmelte Penny. Sie hatte sich also nicht verhört.

Ein Baby

„Sag, hast du noch alle Tassen im Schrank? Du spinnst ja!", schrie ihr großer Bruder, als Penny ihm das Baby entgegenstreckte und erklärte: „Bitte sehr, dein Sohn."

Kolumbus lag noch im Bett und war rot vor Zorn. „Ist das ein Witz oder was?"

Vom Lärm geweckt, kam jetzt auch Romeo dazu und starrte auf das Baby. „Wo hast du das so schnell herbekommen?", fragte er verwundert.

„Im Supermarkt gekauft. Es war ein Sonderangebot!", erwiderte Penny.

Kolumbus hatte die Bettdecke bis zum Kinn hochgezogen und schnaubte wütend: „Raus mit euch, ich will meine Ruhe. Ich habe heute eine wichtige Prüfung."

„Sagst du es Paps, dass er Großvater geworden ist, oder soll ich es ihm schonend beibringen?", entgegnete Penny herausfordernd.

„Schwesterherz, haben wir den ersten April oder was?", erwiderte Kolumbus. „Du wirst überhaupt nichts sagen. Unser alter Herr spinnt ohnehin schon hochgradig. Wie kommst du nur auf eine so hirnverbrannte Idee?"

„Sie regt dich aber trotzdem ganz schön auf. Wahrscheinlich weil sie der Wahrheit entspricht. Ich habe nämlich gehört, was du vorgestern am Telefon gesagt hast!"

Kolumbus wurde plötzlich schneeweiß. „Du hast gelauscht? Du bist wirklich eine Schlange!"

Hinter ihnen räusperte sich jemand. Die Geschwister drehten sich um und riefen wie aus einem Munde: „Paps ... du?"

Betretenes Schweigen. Wie lange hatte er schon zugehört?

Dr. Moosburger blickte von Kolumbus zu Romeo, von Romeo zu Penny und dann auf das Baby.

„Könnt ihr eurem verrückten Vater vielleicht erklären, was hier los ist?“

Wieder folgte betretenes Schweigen.

Das Baby rettete die Situation, indem es anfing zu schreien.

„Wie kommt das Baby ins Haus?“, wollte der Tierarzt wissen.

Als Penny ihm von dem Korb erzählte, wurden seine Augen immer größer.

„Ich nehme an, die Mutter hat es uns vor die Tür gestellt, damit sich sein Vater darum kümmert. Wahrscheinlich hat er die Verantwortung dafür abgelehnt!“, sagte Penny mit einem Seitenblick auf Kolumbus. „Da der Vater aber ungerührt im Bett liegen bleibt, werde wohl ich dem Kleinen etwas zu essen geben müssen. Zum Glück hat die Mutter einen Zettel beigelegt, auf dem steht, was er bekommen soll.“

Während sich Dr. Moosburger, Romeo und Kolumbus im Rekordtempo duschten und anzogen, wärmte Penny die Milch, rührte ein gelbliches Pulver hinein und setzte sich dann mit dem Baby auf einen Küchenstuhl. Der Kleine saugte gierig an seinem Fläschchen.

Kaum war er damit fertig, rülpste er zuerst kräftig und begann dann sofort wieder wie am Spieß zu brüllen.

„Was hat er denn jetzt?“, fragte Romeo, der mit Dr. Moosburger und Kolumbus in die Küche gekommen war.

Penny befühlte das Hinterteil des Kleinen und stellte fest: „Volle Windeln!“

Sie wusste vom Babysitten, was in einer solchen Situation zu tun war.

Als Penny den Kleinen auszog, wichen ihre Brüder zurück.

„Was hat der denn gegessen? Stinkbomben?“ Romeo stöhnte.

Penny säuberte und wickelte das Baby, das sie sogar einige Male dabei anlachte.

Staunend verfolgten Kolumbus, Romeo und Herr Moosburger jeden ihrer Handgriffe.

Als sie fertig war, gluckste das Baby zufrieden und ließ sich von Penny in den Schlaf schaukeln.

„Was machen wir jetzt mit dem kleinen Wurm?“, fragte der Tierarzt hilflos.

„Wir legen ihn in eine Box der Krankenstation, damit er nicht wegkann“, sagte Penny ironisch.

Matthias Moosburger brauchte eine Weile, bis er merkte, dass sie ihn verkohlen wollte.

„Wenn uns der Vater des Kleinen endlich verrät, wer die Mutter ist, werden wir sie anrufen. Die Sache muss schließlich geregelt werden!“, erklärte Penny.

Kolumbus kniff die Lippen zusammen und ballte die Fäuste. „Wenn du nicht endlich mit dem Quatsch aufhörst, dann … dann . . .“

„Kolumbus, du …?“, fragte sein Vater ungläubig.

„Gib es zu! Ich habe genau gehört, wie du mit deiner Freundin gesprochen hast. Von wegen Verantwortung und so. Und sie hätte behauptet, es kann nichts geschehen. Ich wette, es ist diese blöde Alice, die du letzten Sommer in England kennengelernt hast. Die um so vieles älter ist als du. Warum habe ich plötzlich am Telefon immer sagen müssen, dass du sie nicht mehr sprechen willst?“

Kolumbus war außer sich vor Wut.

„In dieser Familie sind doch alle verrückt! Ich halte das nicht mehr aus!“, schrie er und rannte aus der Küche.

„Kolumbus, bitte, komm sofort zurück! Ich muss mit dir reden“, rief Dr. Moosburger ihm nach.

Sie hörten, wie Kolumbus nach oben trampelte und gleich darauf wieder herunterkam. Er verließ das Haus und knallte die Tür zu.

„Kolumbus!" Der Tierarzt lief ihm nach, aber sein ältester Sohn hatte schon das Moped gestartet und brauste davon.

Vor der Kurve drehte er sich noch einmal um und brüllte zurück: „Rechnet die nächsten Tage nicht mit mir. Ich brauche endlich mal Ruhe von euch allen!"

Romeo sah ihm durch das Küchenfenster nach und sagte altklug: „Wer sich so aufregt, muss eine Menge Dreck am Stecken haben."

Penny schnitt eine Grimasse und zeigte ihm den Vogel.

„Mein Sohn hat einen Sohn und findet es nicht einmal der Mühe wert, uns etwas davon zu sagen!", murmelte Dr. Moosburger kopfschüttelnd, als er in die Küche zurückkam. Was machen wir jetzt mit dem Kleinen?" Ratlos schaute er seine Kinder an.

„Ich kümmere mich schon darum!", versprach Penny.

„Nichts da, du musst zur Schule!", meinte ihr Vater. „Aber vielleicht kann Sonja neben der Praxis auch das Baby versorgen. Da sie selbst Mutter von zwei Kindern ist, wird das bestimmt kein großes Problem für sie sein. Ich werde sie gleich fragen."

Penny hoffte, Kolumbus in der Schule zu treffen. Sie musste unbedingt mit ihm reden. Da sie aber erst nach acht dort ankam, verschob sie das Gespräch auf die Pause.

Sie hetzte über den Gang zu ihrer Klasse, als sie plötzlich jemand von hinten an der Schulter packte.

Es war Hans Georg Müllenburg.

August Bach

„Entschuldige wegen gestern. Aber es ist mir etwas dazwischengekommen. Ich habe auch bei den Rothenbaums niemanden erreicht. Doch ich versuche es heute noch einmal“, sagte der Lehrer.

Penny lächelte unsicher. Einerseits fand sie Hans Georg noch immer unheimlich anziehend, andererseits nahm sie es ihm übel, dass er sein Versprechen nicht gehalten hatte.

„Bei mir … da geht alles drunter und drüber … wegen meiner Exfreundin in Wien“, versuchte er sich zu rechtfertigen. Er schaute ihr in die Augen.

„Aber du siehst heute schon wieder so aufgewühlt aus!“

Penny tat es gut, dass jemand um ihr Wohlbefinden besorgt war. „Na ja, es geht auch bei uns drunter und drüber …“

Sie hoffte, der Lehrer würde sie wieder zu einer Tasse Tee ins *Café Schwarz* einladen, aber diesmal wurde sie entäuscht. „Wir reden noch darüber“, vertröstete er sie und er bedeutete ihr mit einer Handbewegung, schnell in die Klasse zu gehen.

Während der Deutschstunde fiel Penny auf, dass Herr Müllenburg jeden Blickkontakt mit ihr vermied.

„Zu uns schaut er heute gar nicht“, flüsterte sie ihrer Banknachbarin Ines zu.

„Na, zum Glück“, brummte ihre Freundin, die unter der Bank gerade die Mathe-Hausaufgaben abschrieb.

Überhaupt war der Lehrer anders an diesem Tag. Sein Vortrag war nicht so mitreißend wie sonst und er versprach sich mehrmals, obwohl das Thema Zivilcourage sehr interessant war.

Penny dachte auch nach dem Ende der Deutschstunde noch darüber nach. Sie war völlig überzeugt, dass jeder den Mut aufbringen sollte, sich gegen Unrecht zur Wehr zu setzen, und den Mund aufmachen musste, wenn er Ungerechtigkeiten entdeckte.

Kolumbus war nicht in die Schule gekommen und tauchte auch bis zum Ende des Unterrichts nicht auf.

Als Penny nach der sechsten Stunde durch das Haupttor trat, wurde sie Augenzeuge einer Begegnung, die sie lieber nicht gesehen hätte.

Ein schlankes dunkelblondes Mädchen in einem engen schwarzen Kleid stand vor der Schule. Sie hatte ein breites Tuch um die Stirn gebunden und war auffallend geschminkt. Über ihrer linken Schulter hing eine teure Ledertasche.

Hans Georg eilte auf das Mädchen zu und umarmte es stürmisch. Die beiden küssten sich lange und innig.

Als das Mädchen die spöttischen Blicke der Schüler bemerkte, nahm sie Hans Georg an der Hand und zog ihn weg.

„Wann bist du angekommen?“, hörte Penny den Lehrer fragen.

„Vor einer Stunde. Muss noch alles vorbereiten, damit Daddy keinen Anfall bekommt, wenn er am Wochenende auftaucht!“

Penny schluckte heftig. Es war ihr schon klar gewesen, dass Hans Georg ihre Gefühle nicht erwiderte. Aber trotzdem war sie wie vom Blitz getroffen, als sie die beiden sah.

„Männer sind das Letzte!“, brummte Penny und machte sich auf den Heimweg.

Vor dem Haus lagen Robin und Milli auf der Bank in der Sonne. Beide freuten sich sehr, ihr Frauchen zu sehen, und kamen ihr schwanzwedelnd entgegen. Robin hinkte noch, aber sonst war er schon wieder fast der Alte.

Der Zustand der Welpen war weiterhin kritisch. Dr. Moosburger hatte ihnen noch eine Infusion verabreichen müssen und war sehr besorgt. Er konnte nicht verstehen, dass immer noch keine Besserung eintrat. „Den Laborbericht bekomme ich erst morgen. Das Labor ist völlig überlastet. Aber normalerweise sprechen Welpen bei Durchfall auf meine Behandlung an. Wenn ich wenigstens wüsste, wem die drei überhaupt gehören!“

Penny tat das Herz weh beim Anblick der drei Hundebabys, die sich vor Schmerzen krümmten. Sie wimmerten, als sie sie anfasste.

„Paps, komm doch mal her!“, bat Penny ihren Vater.

Als Dr. Moosburger die Welpen sah, verdüsterte

sich seine Miene. „Ich fürchte, die drei sind verloren“, murmelte er. „So leiden lasse ich sie auf keinen Fall.“

„Kommt das … von dem verdorbenen Futter?“ Penny stellte die Frage so leise, dass ihr Vater sie nicht richtig hörte und keine Antwort gab. Penny deutete das als Ja.

Hilflos kauerte sie sich neben die kranken Welpen und flehte, sie mögen doch wieder gesund werden. Sie wusste, dass ihr Vater nur im allerschlimmsten Fall für das Einschläfern von Tieren war. Diesmal schien es unausweichlich zu sein.

Penny hatte Tränen in den Augen, als sie die Krankenstation verließ. Sie wollte sich ein Taschentuch aus dem Schreibtisch ihres Vaters holen, auf dem sich die ungeöffnete Post stapelte. Aber sie konnte keines finden.

Das Baby war in Sonjas Obhut, die es neben sich in einem Korb stehen hatte, den sie mit dem Fuß zum Schaukeln brachte. „Der Kleine ist fröhlich und schläft seit zwei Stunden!“, teilte die Sprechstundenhilfe Penny mit. Sie beugte sich vor und fragte leise: „Ist es wirklich Kolumbus’ Sohn?“

Penny überlegte einen Moment und nickte dann. Wozu lange herumreden?

„Ich ... ich gehe mit den Hunden ein bisschen spazieren!“, sagte sie zu Sonja. Auf das Mittagessen hatte sie keinen Appetit.

Milli wartete schon im Vorzimmer auf sie, Robin aber ließ sich nicht blicken.

Penny rief ihn, und als er nicht kam, suchte sie den Sennenhund in allen Zimmern. Vergeblich. Auch vor dem Haus konnte sie ihn nicht finden und selbst auf ihren speziellen Pfiff reagierte er nicht.

„Milli, wo ist Robin? Such Robin!“, sagte sie zu der kleinen Tempelhündin.

Es war ihr nicht ganz klar, ob Milli sie verstanden hatte. Auf jeden Fall stürmte die kleine Hündin los.

Sie steuerte auf den Wald zu, der hinter dem Haus der Moosburgers begann, und lief den schmalen Weg entlang.

An ihrem Bellen konnte Penny erkennen, dass Milli etwas entdeckt hatte. Sie folgte ihr rasch.

Kurz darauf fand sie Milli. Sie war nicht allein.

„Sie schon wieder!“, rief Penny verärgert, als sie den Mann in der Kniebundhose und der Lodenjacke erblickte. Er fütterte Milli mit Hundekuchen, die sie gierig verschlang.

„Haben Sie meinen anderen Hund gesehen?“, fragte Penny.

„Ich grüße Sie, junge Dame“, sagte der Mann. „Leider bin ich heute nur dieser überaus reizenden Hundedame begegnet. Ihren Kavalier habe ich nicht gesehen. Aber meine Marie-Antoinette ist da.“

Er pfiff mit den Fingern und nach ein paar Sekunden sauste eine wuschelige Mischlingshündin heran. Sie war etwas kleiner als Robin und hatte beigefarbenes, gekräuseltes Fell.

„Marie-Antoinette, hat Sie vielleicht den Kavalier dieser reizenden Dame hier gesehen?“

Der spinnt, dachte Penny.

Marie-Antoinette bettelte gleich um Hundekuchen, die sie auch bekam.

„Wer sind Sie?“, fragte Penny misstrauisch.

„Mein Name ist August Bach“, stellte sich der Mann mit einer höflichen Verbeugung vor.

„Ich habe Sie hier noch nie gesehen“, meinte Penny.

„Dabei wohne ich gar nicht weit entfernt. Ich gehe hier öfters mit meiner kleinen Hundekönigin spazieren.“

Der Mann wurde Penny allmählich unheimlich. Marie-Antoinette beschnupperte neugierig Pennys Hosenbeine. Penny bückte sich und streichelte die zottige Hündin.

„Sind Sie Jäger?“, wollte sie wissen.

Der Mann lachte kurz auf. „Vielleicht mag meine Kleidung diesen Eindruck erwecken, aber ich bin ganz gewiss keiner. Die Kleidungsstücke wurden mir freundlicherweise von einem Jäger zur Verfügung gestellt. Doch meine Hundekönigin, die jagt von Zeit zu Zeit. Das muss sie auch, damit wir beide etwas zu beißen haben.“

Penny sah den Mann verblüfft an. Doch noch ehe sie eine Frage stellen konnte, verneigte er sich tief, eine Hand am Bauch, eine auf dem Rücken, und sagte: „Ich habe die Ehre, junges Fräulein. Ihr gehorsamster Diener verabschiedet sich für heute.“

Mit diesen Worten drehte er sich um und ging. Seine Hündin folgte ihm sofort und sprang neben ihm auf und nieder.

Penny blickte den beiden staunend nach. Hatte er das mit dem Jagen ernst gemeint?

Sie pfiff Milli herbei und nahm sie an die Leine. „Komm, ich will wissen, wo er hingeht“, sagte sie leise.

Ein Haus ohne Fußboden

Der Mann durchquerte den Wald, ohne sich auch nur ein einziges Mal umzudrehen. Schließlich bog er zu einem verfallenen Häuschen ab, das am Rande eines Ackers stand.

Herr Bach schloss die Tür auf und ging hinein. Penny schlich näher heran und spähte durch eines der kleinen Fenster.

Sie traute ihren Augen nicht.

In dem Haus gab es keinen Fußboden. Stattdessen lagen überall Bretter, die wie Stege über tiefe Löcher führten. Außer einem grob gezimmerten Holzbett, einem Tisch und einem Stuhl waren keine Möbel in dem Raum.

„Warum kommt Sie nicht herein, wenn Sie mir schon nachgeschlichen ist?“, fragte eine Stimme.

Penny zuckte erschrocken zusammen. Herr Bach stand neben ihr und grinste von einem Ohr zum anderen.

Neugierig folgte sie ihm ins Haus.

„Hat Sie Hunger? Ich habe heute Suppe zubereitet. Gewürzt für mich, ungewürzt für den Hund.“

Penny nickte.

Das Haus roch innen genauso wie August Bach selbst. Nach feuchter Erde, Moder und schimmelndem Holz.

Der Mann rückte die Bretter zurecht, damit sie nicht in die sandigen Löcher fielen, und schob Tisch, Stuhl und Bett zusammen.

Milli spielte sofort mit Marie-Antoinette.

Die Suppe duftete köstlich. Herr Bach hatte sie in einer Blechschüssel auf einer gemauerten Feuerstelle gekocht. Penny sah die Flammen in dem kleinen Ofen lodern.

„Es macht Ihr doch nichts aus, mit mir aus einer Schüssel zu essen? Ich habe leider nur diese. Auch die Hunde müssen sich einen Napf teilen“, sagte

Herr Bach. Er deutete auf den Stuhl und Penny nahm Platz. Er selbst setzte sich an das Fußende des Bettes.

Die Hunde schlabberten gierig die Suppe. Auch Penny schmeckte sie ausgezeichnet. Sie wunderte sich nur, dass Herr Bach nicht mitaß. War es aus Höflichkeit, weil er nur eine Schale besaß? Er schien ihre Gedanken erraten zu haben und sagte: „Ich besitze leider auch nur einen Löffel."

Penny hatte die Suppenschüssel halb leer gegessen, als der Mann plötzlich sagte: „Da sieht Sie, wie nützlich ein Hund sein kann. Die Suppe habe ich aus einem Knochen gekocht, den mir Marie-Antoinette gebracht hat", erklärte Herr Bach.

Penny musste sich sehr zusammenreißen, damit ihr die Suppe nicht wieder hochkam.

„Sie versorgt mich mit vielem", fuhr der schrullige Mann fort. „Jetzt, in der kalten Jahreszeit, schlafen wir stets zusammen in meinem Bett, um uns gegenseitig zu wärmen. Eine Heizung kann ich mir nicht leisten. Doch vor ein paar Tagen hat mich etwas Spitzes gestochen. Sie wird nie erraten, was das war."

Penny war sich nicht sicher, ob sie es überhaupt wissen wollte.

„Es handelte sich um eine abgenagte Ratte, die Marie-Antoinette erjagt hatte.“ Herr Bach lachte.

„Was … wieso … ich meine … warum haben Sie eigentlich keinen Fußboden?“, fragte Penny vorsichtig.

„Weil unter diesem Haus die Reste einer römischen Villa liegen. Ich habe es mir zur Aufgabe gemacht, sie freizulegen und der Öffentlichkeit zugänglich zu machen“, schwärmte August Bach. „Ein Plan, der von vielen belächelt wird. Doch ich werde ihn durchführen.“

„Äh … haben Sie die Mauern schon gefunden?“, wollte Penny wissen.

„Nein. Wahrscheinlich muss ich nur ein wenig tiefer graben!“

Ganz richtig war der Mann nicht im Oberstübchen, das stand für Penny fest. Andererseits wirkte er aber recht glücklich und zufrieden.

Marie-Antoinette richtete sich an Pennys Bein auf und ließ sich von ihr streicheln. Dabei fielen Penny sofort die großen Zitzen der Hündin auf.

„Hat sie vor Kurzem Junge gehabt?“, fragte sie.

Herr Bach überhörte die Frage.

Auch als Penny sie wiederholte, reagierte er nicht.

„Ihre Hündin hat doch Junge gehabt. Und zwar

vor ganz kurzer Zeit. Nicht wahr?", bohrte Penny weiter.

Herr Bach schlürfte nun den Rest der Suppe. Dann setzte er den Löffel ab und sagte: „Unmöglich, das müsste ich wissen."

Dem Aussehen nach könnten die drei Welpen sehr wohl von dieser Hundemutter sein, dachte Penny und wurde das Gefühl nicht los, dass Herr Bach ihr etwas verschwieg.

Ich werde einfach mit der Tür ins Haus fallen. Mal sehen, wie er darauf reagiert, beschloss Penny. „Bei uns wurden vor einiger Zeit drei Welpen in einem Korb vor die Tür gestellt. Auf einem Zettel stand, wir sollten uns um sie kümmern. Die Welpen könnten von Ihrer Marie-Antoinette sein. Sie sind leider sehr krank geworden. Mein Vater ist Tierarzt und versucht alles, um sie zu heilen, aber … aber … es besteht nur ganz wenig Hoffnung."

Plötzlich konnte sie nicht mehr aufhören und musste einfach weitererzählen, sich ihre Sorgen und Ängste von der Seele reden. „Vielleicht bin ich sogar selbst daran schuld. Ich habe ihnen nämlich schlechtes Futter gegeben. Und wenn sie nicht überleben, dann … dann weiß ich nicht, was ich mache."

August Bach betrachtete sie mit besorgtem Gesicht. „Wir werden hoffen und beten, dass sie am Leben bleiben“, sagte er ruhig.

Plötzlich fiel Penny wieder Robin ein. Sie hatte ihn doch suchen wollen. Hastig verabschiedete sie sich und lief durch den Wald zurück.

Herr Bach stand neben seinem Häuschen und sah ihr lange nach. „Hätten wir ihr reinen Wein einschenken sollen?“, fragte er seine Hündin. „Es hätte uns das Häuschen kosten können. Den letzten Platz auf dieser Welt, wo wir bleiben können und erwünscht sind.“

Robin war noch immer nicht zu Hause und Penny machte sich große Sorgen um ihn.

Sie überlegte noch, was sie tun sollte, als das Telefon klingelte. Der Schreck fuhr ihr in die Glieder, als sie die herrische Stimme von Herrn Angerer, dem Gutsverwalter, hörte.

„Die Herrschaften haben es sich anders überlegt und werden bereits dieses Wochenende hier verbringen. Ihre Jagdgesellschaft wird ebenfalls erwartet, da das Wetter gut zu werden verspricht. Leider ist meine Frau schwer erkrankt. Doch die Gäste müssen verköstigt werden. Ich gebe dir hiermit Gelegenheit, alles wiedergutzumachen. Du wirst dafür sorgen, dass am Samstagabend und am Sonntagmittag jeweils ein viergängiges Menü auf den Tisch kommt. Für zehn Personen. Hast du mich verstanden?"

Penny fiel fast das Telefon aus der Hand. „Sind Sie übergeschnappt?"

„Diese Bemerkung will ich lieber überhört haben!", sagte Herr Angerer scharf. „Es ist mir egal, wie du es machst und wie du es bezahlst. Auf jeden Fall hat das Essen ausgezeichnet zu sein. Sollten Klagen kommen, werde ich die Aufnahmen der Überwachungskameras auf der Stelle Herrn Rothenbaum übergeben. Er reagiert sehr empfindlich auf Eindringlinge."

„Bitte, wie stellen Sie sich das vor?" Penny war völlig verzweifelt.

„Ich erwarte, dass du mir bis spätestens Samstagmittag den Speiseplan für die Menüs übergibst. Herr Rothenbaum wünscht ihn nämlich vorher zu sehen."

Penny wollte noch etwas sagen, aber Herr Angerer hatte bereits aufgelegt.

Sie ließ sich auf die Truhe im Vorzimmer sinken. Was sollte sie nur machen? Diesem Herrn Angerer bereitete es offensichtlich Freude, andere Leute zu quälen. Bestimmt weidete er sich jetzt an ihrer Verzweiflung. Vielleicht erwartete er auch, dass sie weinend zu ihm kam und um Hilfe bettelte. Möglicherweise konnte sie sich freikaufen, denn geldgierig war der Verwalter ganz bestimmt.

Plötzlich stieg in Penny Zorn auf. „Nein, mich zwingst du nicht in die Knie! Du wirst mich kennenlernen und deine feine Familie Rothenbaum ebenfalls. Ihr alle werdet noch lange an mich denken!", sagte sie entschlossen zu sich selbst.

Was sie genau tun würde, wusste sie noch nicht. Aber es fiel ihr bestimmt etwas ein.

Die Haustür wurde vorsichtig geöffnet. Romeo und Rudi schlichen herein. Robin trottete gutmütig hinterher.

Penny saß so auf der Truhe, dass die beiden Jungen sie nicht sehen konnten. Auf diese Weise hörte sie alles, was sie miteinander flüsterten.

Sorge um die Welpen

„Los, die Quietschpuppe ist oben!“, flüsterte Romeo seinem Freund zu.

„Und wenn sie uns doch hört? Ich will von ihr keine geklebt bekommen“, jammerte Rudi.

„Feigling! Mit der werde ich spielend fertig. Ich kenne nämlich ein paar Zauberworte“, spielte Romeo den Coolen.

„Was machen wir jetzt? Es hat doch nicht geklappt. Der Versuch ist schiefgegangen“, sagte Rudi missmutig.

„Er muss es lernen. Das habe ich schon einmal bei

Penny gesehen. Wir stopfen welche in ein Gummirohr und lassen ihn daran schnüffeln. Dann werfen wir das Rohr weg und er muss es holen. So bringen wir ihm bei, was er suchen soll!", erklärte Romeo seinem Freund.

„Aber wenn Penny …", warf Rudi wieder ein.

„Vergiss die Quietschpuppe!", brummte Romeo.

Penny hatte genug gehört und trat aus ihrem Versteck.

„Tag, du Landplage", begrüßte sie den kleinen Bruder.

„Die Quietschpuppe!", entfuhr es Rudi.

„Ich will jetzt auf der Stelle erfahren, was ihr mit Robin macht. Was muss er suchen?", sagte Penny streng.

Dr. Moosburger kam soeben aus der Praxis und wollte wissen, was los war.

„Paps, ich muss dir unbedingt erzählen, was ich letztens mitbekommen habe!", rief Romeo aufgeregt.

Oh nein! Nicht schon wieder! Penny spürte, wie sich jeder ihrer Muskeln anspannte. „Wie wär's mit Mittagessen?", rief sie rasch in die Runde.

„Gerne, mir knurrt schon der Magen!", meinte ihr Vater.

Penny stieß den kleinen Bruder zur Seite, der schadenfroh grinste. „Habe ich dir nicht gesagt, dass ich ein paar Zauberworte kenne!“, raunte er Rudi zu, der anerkennend mit dem Kopf nickte.

Penny nahm Pizzen aus der Tiefkühltruhe und legte sie in den Backofen. Für das Baby bereitete sie genau nach Anleitung das Fläschchen zu. Dann holte sie den Kleinen aus dem Wartezimmer, in dem er friedlich neben Sonjas Schreibtisch schlief.

Gierig nuckelte das Baby wieder an dem Sauger.

„Wo bleibt nur Kolumbus?“, fragte Dr. Moosburger. „Er ist uns noch eine Erklärung schuldig.“

Penny brachte ihm schonend bei, dass der große Bruder untergetaucht zu sein schien. Auf jeden Fall verstanden sie nun, warum er in letzter Zeit so schlecht gelaunt gewesen war.

„Äh … Paps … ist dir eigentlich schon klar geworden, dass du jetzt Großvater bist?“, fragte Penny vorsichtig. „Und Mama ist Großmutter und ich bin Tante.“

„He, dann bin ich Onkel. Klasse!“, freute sich Romeo.

„Das hat mir noch gefehlt“, stöhnte der Tierarzt.

„Wir müssen auf jeden Fall herausfinden, wer die Mutter des Babys ist“, meinte Penny. „Wenn du es erlaubst, stöbere ich ein bisschen in Kolumbus' Zimmer. Er hat da so ein kleines Adressbuch."

Romeo nickte heftig. „Ja, genau. Dort trägt er immer die Namen und Adressen seiner Bräute ein. Das habe ich schon einmal gesehen. Darf ich beim Suchen helfen?"

„Von mir aus", brummte Dr. Moosburger.

„Paps, das Baby wird auf jeden Fall bei uns bleiben", sagte Penny entschieden. „Wir müssen irgendwo ein Kinderbett herbekommen."

Ihr Vater sah sie an, als hätte sie gerade verkündet, dass das Haus demnächst einstürzen würde. Seufzend meinte er: „Ich glaube, unten im Keller steht noch das von Romeo."

„Klar, er ist ja erst seit Kurzem aus dem Krabbelalter heraus", versetzte Penny dem kleinen Bruder einen Seitenhieb.

Penny holte das Kinderbett und stellte es in Elvis' Zimmer, das von nun an das Kinderzimmer für das Baby sein würde. Dann machte sie sich auf die Suche nach dem Adressbuch.

Trotz Romeos eifriger Hilfe konnte sie es nicht finden.

Als Penny am späteren Nachmittag wieder nach den Welpen sah, stellte sie erschrocken fest, dass einer der drei Kleinen überhaupt nicht mehr reagierte. Obwohl sie ihn mehrmals vorsichtig rüttelte, wachte er nicht auf.

„Paps, Paps, schnell!“, rief sie verzweifelt.

Der Tierarzt kam sofort und untersuchte den Welpen. „Völlig entkräftet. Wir können es noch einmal mit einer Infusion versuchen, aber ich habe wenig Hoffnung“, meinte er.

Es war für Penny schrecklich, mit ansehen zu müssen, wie die Kleinen litten. Noch unerträglicher aber war ihr der Gedanke, dass sie vielleicht schon bald eingeschläfert werden mussten.

„Und ich habe nicht einmal mit euch gespielt“, sagte sie mit tränenerstickter Stimme.

„Übrigens, das Labor hat angerufen“, sagte ihr Vater. „Die Untersuchung hat ergeben, dass die Welpen keinen der bekannten Erreger in sich tragen. Es muss ein anderes, vielleicht sogar ein ganz neues Virus sein. Mal sehen, ob ich es nicht doch in den Griff bekomme.“

Im Augenblick sah es allerdings nicht aus, als würde ihm das gelingen.

Penny fiel August Bach wieder ein. Wieso war er so verlegen geworden, als die Rede auf die Welpen kam? Es waren sicher die Jungen seiner Hündin.

Aber warum gab er es nicht zu? Und aus welchem Grund hatte er den Korb vor ihre Tür gestellt?

Weil er die Welpen nicht füttern und versorgen kann, gab Penny sich selbst die Antwort. Er hat kein Geld dafür. Doch vielleicht hatten sie sich in dem schmutzigen Haus eine Krankheit zugezogen, die sie jetzt fast umbrachte?

„Ich ... ich muss noch einmal weg“, sagte Penny und zog sich rasch an.

Sie holte ihr Fahrrad aus der Garage und fuhr zu August Bach.

Es dämmerte bereits und sie brauchte eine Weile, bis sie das Haus fand.

Hinter einem der Fenster flackerte eine Petroleumlampe, die den Raum spärlich erhellte.

Penny presste das Gesicht an die Fensterscheibe, doch sie konnte Herrn Bach nirgends sehen.

Sie lief zur Tür und klopfte.

Keine Antwort.

Sie klopfte wieder und versuchte dann, die Tür zu öffnen. Sie war abgeschlossen.

Täuschte sie sich oder hatte Marie-Antoinette wirklich ein kurzes, klägliches Bellen von sich gegeben?

Mit beiden Fäusten trommelte sie gegen das Holz

und rief: „Herr Bach, bitte, machen Sie auf! Ich bin es, Penny. Sie müssen uns helfen, sonst sterben die Welpen. Bitte, machen Sie auf!"

Der Herbststurm rüttelte an den kahlen Ästen der Bäume und ließ sie schaurig krachen und knacken.

Vielleicht ist er irgendwo draußen unterwegs, dachte Penny. Aber würde er dann die Petroleumlampe brennen lassen?

Nein, er war daheim, er meldete sich nur nicht.

Es blieb Penny nichts anderes übrig, als wieder zurückzuradeln. Sie fror jämmerlich und daran war nicht nur die Eiseskälte schuld.

Zu Hause angekommen, ging sie gleich in die Tierarztpraxis. Als sie das Behandlungszimmer betrat, zuckte sie zurück. Ihr Vater hatte die drei Welpen bereits geholt und auf den Tisch gelegt. Sie wimmerten leise und schienen sehr schwach zu sein. Ihre Bäuche waren stark aufgebläht.

„Ich ... ich kann sie nicht länger leiden lassen", sagte Matthias Moosburger. Tiere einzuschläfern war für ihn wie eine Niederlage, weil er dem Tier nicht mehr helfen konnte. Langsam drehte er sich zum Medikamentenschrank und nahm ein Glasfläschchen und eine Spritze heraus.

Penny wollte schon zur Tür hinaus und sich in ihr

Zimmer verkriechen. Doch dann trat sie zum Untersuchungstisch. Sie durfte die drei Welpen jetzt nicht allein lassen. Das Letzte, was sie von der Welt sahen, sollte jemand sein, der sie gernhatte.

Miese Tricks

„Paps ... kannst du wirklich gar nichts mehr tun? Überhaupt nichts mehr?“, stieß Penny mit tränenerstickter Stimme hervor.

Dr. Moosburger schüttelte den Kopf. Er hatte in allen Fachzeitschriften gesucht, ob irgendwo über eine ähnliche Erkrankung berichtet wurde. Doch er hatte nichts finden können.

Romeo streckte den Kopf zur Tür herein.

„Hau ab!“, fuhr Penny ihn an.

„Da ist jemand. Ein Mann, der stinkt!“, sagte der Bruder.

Penny wirbelte herum und stürmte ins Vorzimmer, wo August Bach mit seiner Hündin stand.

„Gut, dass Sie da sind, Herr Bach!“, begrüßte Penny ihn.

„Er schämt sich und ist zutiefst betroffen“, sagte der Mann umständlich.

„Von wem redet er?“, wollte Romeo wissen.

Penny legte ihm die Hand auf den Mund, damit er keine weiteren Fragen stellte.

„Es sind doch die Welpen Ihrer Hündin, nicht wahr?“, wollte sie wissen.

Herr Bach nickte.

Dr. Moosburger kam aus dem Behandlungszimmer und sah den seltsamen Mann verwundert an. „Was ist denn los?“

„Pssst!“, zischte Penny.

„Ich habe Sie vorhin gehört, als Sie bei mir war. Ich war nur bei meinen Ausgrabungen und ... und ich darf nichts darüber sagen. Aber wenn die Jungen nicht überleben, dann ... dann ... werde ich mir das niemals verzeihen.“ Der Mann verzog das Gesicht. Er sah aus, als wollte er jeden Augenblick zu weinen anfangen.

„Kommen Sie doch in die Küche“, lud Penny ihn ein.

Ihr Vater stieß sie mit dem Ellbogen an und flüsterte: „Wer ist das?“

„Er hat uns die Welpen vor die Tür gestellt“, antwortete Penny leise.

Sie bat Romeo, für Herrn Bach eine Tasse Kaffee zuzubereiten.

„Sagen Sie endlich, was mit den Welpen los ist, damit wir ihnen helfen können!“, drängte Penny. „Sie wissen doch Bescheid!“

„Ich … also … ich verfüge nur über geringe Geldmittel und deshalb wollte ich die Hunde verkaufen. Ich gab dazu eine Anzeige in einer der Gratiszeitungen auf. Es meldete sich ein junger Mann. Er war zuerst sehr freundlich, sah sich bei mir um und ging dann wieder, ohne die Welpen mitzunehmen. Am nächsten Tag kam er noch einmal und gab mir einen Geldbetrag, der mir zu hoch erschien. Ich erfuhr, dass eine Bedingung daran geknüpft war: Ich sollte den Hunden ein Pulver verabreichen. Der Mann sagte, dass sie bald darauf erkranken würden und ich sie zum Tierarzt bringen sollte. Er würde sie heilen können. Erst dann wollte der Mann sie zu sich nehmen. Ich weigerte mich aber. Da drohte der Mann, man werde mir mein Haus und meine Ausgrabungen wegnehmen. Wohnen ist dort ohnehin verboten. Doch solange es niemand merkt, kann ich bleiben. Er aber wollte die Behörden alarmieren und veranlassen, dass man mich hinauswarf. Ich hatte keine Wahl, ich musste den Befehl ausführen. Aber die Welpen wurden nicht krank. Nach drei Tagen bekam ich es mit der Angst zu tun. Darum habe ich sie zu Ihnen gebracht. Ich wusste, hier wären sie in guten Händen."

Der Tierarzt verstand noch immer nicht den Sinn der ganzen Aktion. Warum sollten die Welpen erkranken? Wieso war der Mann sich so sicher, dass er, Dr. Moosburger, sie heilen konnte?

August Bach war noch nicht fertig. „Herr Doktor, ich konnte mir mein Handeln einfach nicht verzeihen. Deshalb trieb es mich immer wieder in die Nähe Ihres Hauses, um zu erfahren, was mit den Welpen geschehen ist."

„Wer war denn dieser junge Mann? Haben Sie irgendeine Ahnung?", fragte Penny. Ihr Verdacht fiel auf einen missgünstigen Kollegen ihres Vaters. Es wäre nicht das erste Mal, dass jemand ihm schaden wollte.

„Tja, in seinem Wagen fielen mir nur ein paar Schachteln auf. *Dilual forte* stand darauf. Vielleicht kann Ihnen das dienlich sein. Ich wunderte mich, warum jemand mit solchen Kartons durch die Gegend fährt …“

„Das ist das Gift. Das Gift, das die Welpen bekommen haben!“, rief Penny.

Ihr Vater schüttelte den Kopf. Es war kein Gift. Plötzlich fiel ihm ein, dass die drei noch auf dem Untersuchungstisch lagen. Hoffentlich war keiner hinuntergefallen.

Sie liefen in die Praxis, in der sie die drei Hunde zusammengekrümmt vorfanden.

„*Dilual forte*, der Name kommt mir irgendwie bekannt vor!“ Dr. Moosburger blätterte in einem Medikamentenverzeichnis, konnte aber das Präparat nicht finden.

Plötzlich stürzte er sich auf seinen Schreibtisch und begann, in dem Poststapel zu wühlen, bis er schließlich fand, wonach er gesucht hatte. Es war ein dicker brauner Umschlag. In der linken oberen Ecke stand *Dilual forte*. Der Tierarzt riss den Umschlag auf und mehrere kleine bunte Schachteln und ein Begleitbrief fielen heraus. Dr. Moosburger überflog den Text und auf seiner Stirn bildeten sich Schweißperlen.

Die Spritze, die für die tödliche Injektion gedacht war, lag noch unbenutzt da. Er holte aus einer der

Schachteln ein Glasfläschchen und sägte den Hals mit einer kleinen Feile an. So konnte er es öffnen und die Flüssigkeit in die Spritze hochziehen.

Einer Schublade entnahm er Desinfektionstupfer, mit denen er die Nadel der Spritze und vor allem die Haut der Welpen reinigte. Penny assistierte ihm und hielt die Kleinen, damit sie beim Einstich nicht zuckten und sich verletzten.

Dr. Moosburger spritzte ihnen das Medikament und massierte danach die Einstichstellen, damit es sich schneller verteilte. Anschließend bekamen die Welpen noch einmal eine Infusion und dazu ein stärkendes Mittel.

„Ich hoffe, sie werden wieder gesund. Aber ich kenne Leute, die auch dann mächtigen Ärger bekommen", knurrte der Tierarzt. Penny hatte ihn selten so wütend gesehen.

An diesem Abend ging sie erst sehr spät schlafen. Erstens brüllte das Baby ununterbrochen und wollte versorgt werden. Zweitens hatte Milli sich mit Marie-Antoinette angefreundet und die beiden Hunde spielten Fangen im ganzen Haus. Die Folgen waren tiefe Kratzer im Holzboden, zwei zerbrochene Blumentöpfe, verrutschte Teppiche und ein kaputtes Telefon.

Etwa vier Stunden nachdem Dr. Moosburger den Welpen die Injektion verabreicht hatte, zeigte sich eine deutliche Besserung. Die drei Kleinen kamen wieder auf die Beine und schlabberten begierig Wasser. Sie kläfften sogar, als Robin an ihrer Box auftauchte und seinen Kopf hineinsteckte. Das Kläffen klang zwar noch sehr kläglich, aber es war ein eindeutiges Lebenszeichen.

„Ich denke, sie sind über dem Berg", sagte der Tierarzt zufrieden.

August Bach seufzte tief und machte sich auf den Heimweg. Er wollte aber am nächsten Tag wiederkommen und nach den Welpen sehen.

Penny musste in der Nacht noch zweimal aufstehen, weil das Baby Hunger hatte. Einmal wurde auch ihr Vater vom Geschrei geweckt und kam in die Küche, in der sie die Flasche vorbereitete.

„Du hast mir noch gar nicht erklärt, wieso es den drei Kleinen plötzlich wieder besser geht", fiel Penny ein.

Dr. Moosburger machte sich ein Glas Milch warm und sagte: „Weil sie absichtlich mit einem Krankheitserreger infiziert wurden, der von diesem *Dilual forte* sofort bekämpft wird. Das Präparat kommt von einer Firma, die keinen besonders guten Ruf genießt. Ich habe schon einmal von Kollegen gehört, dass sie mit miesen Tricks versuchen, ihre Erzeugnisse zu bewerben. In letzter Zeit habe ich die Post nicht geöffnet, weil ich die Rechnungen nicht bezahlen kann. Deshalb ist mir das Zeug auch nicht in die Hände gefallen. Sonst hätte ich es bestimmt schon viel früher bei den Welpen eingesetzt."

„Tiere werden krank gemacht, um Tierärzte dazu zu bringen, das Zeug zu kaufen? Wie können Menschen nur so grausam sein?"

Ihr Vater nickte grimmig. „Aber dieser Firma hetze ich die Polizei auf den Hals, darauf kannst du dich verlassen."

Gemeinsam sahen sie nach den Welpen, die verschlafen die Köpfe hoben, als sie das Licht anknipsten. Neugierig kamen sie aus der Kuschelecke der Box getrottet und leckten Pennys Hand ab.

„Es war also doch nicht das Futter schuld. Ich habe euch nicht krank gemacht!", sagte Penny erleichtert.

„Trotzdem müssen wir jetzt sehr vorsichtig sein und die Kleinen gesund ernähren. Ich schlage für die nächsten Tage gekochtes Huhn und Reis vor. Wenn sich ihr Darm wieder stabilisiert hat, gib ihnen Gemüse dazu", schlug Dr. Moosburger vor.

Zum ersten Mal in dieser Woche atmete Penny auf. Es lief doch nicht alles schief. Es konnte sich auch plötzlich etwas zum Besseren wenden. Hoffentlich hielt diese Glückssträhne an!

Typisch Romeo!

Penny spürte die Müdigkeit in den Augen, wusste aber, dass sie keine Minute mehr schlafen konnte. Deshalb ging sie in die Küche und suchte Ivans Rezeptmappe. Er hatte eine große Sammlung angelegt, die er für die Moosburgers fotokopiert hatte. Penny beschloss, sich ein paar schmackhafte, aber nicht zu schwierige Speisen herauszusuchen. Sie nahm sich vor, sie probeweise zu Mittag für die Familie zu kochen. Gelang das Essen, dann konnte sie es auch für die Rothenbaums zubereiten.

Den Kopf in die linke Hand gestützt, stellte sie

eine Einkaufsliste zusammen. Wenn Sie ein bisschen Glück hatte würde ihr Paps das Geld für einen Teil der Zutaten geben. Den Rest musste sie von ihrem Taschengeld bestreiten. Von Romeo wollte sie sich kein Geld leihen, denn der verlangte meistens Wucherzinsen.

„Wo bekomme ich denn Safran und Ingwerwurzeln?“ Penny stöhnte. Das Rezept, das sie ausgewählt hatte, klang zwar einfach, die Zutaten aber bereiteten ihr Kopfzerbrechen.

Nach der Schule wollte sie ins Reformhaus gehen. Dort arbeitete Ivans bester Freund Waldemar. Er würde ihr bestimmt helfen.

Im Unterricht machte Penny eine schmerzhafte Erfahrung. Hans Georg behandelte sie plötzlich wie jede andere Schülerin. Kein Lächeln, kein Zwinkern, kein aufmunternder Blick. Er tadelte sie sogar, als sie während der Geschichtsstunde kurz aus dem Fenster sah. Sollte sie sich wirklich so in ihm getäuscht haben?

Sie wollte deshalb nach der Schule ein paar Worte mit ihm wechseln, aber der Lehrer winkte ab, als sie zu ihm trat. Er hatte es eilig.

Als er Pennys enttäuschtes Gesicht sah, kam er kurz zurück und fragte: „Und? Alles in Ordnung?

Siehst ein bisschen müde aus, aber es geht dir doch gut, oder?"

„Ja, ja, alles unter Kontrolle", murmelte Penny. Der Lehrer hob zum Gruß die Hand und verschwand im Laufschritt.

Der Reformladen war so weit von der Schule entfernt, dass Penny den Bus nehmen musste. Düster vor sich hin grübelnd, saß sie da und starrte aus dem Fenster.

Ich habe mich ziemlich lächerlich gemacht, dachte sie. Hans Georg hat bestimmt gemerkt, wie gern ich ihn habe. Jetzt erzählt er sicher seiner Tussi, dass eine Schülerin in ihn verknallt ist. Wahrscheinlich kichert die dann.

Endlich hatte sie ihr Ziel erreicht und stieg aus dem Bus.

Waldemar war das genaue Gegenteil von Ivan, dem Punk. Er trug stets eine gepunktete Fliege zu einem gestreiften Hemd und eine dunkle Hose. Sein Gesicht erinnerte ein bisschen an das einer Comicfigur, doch das störte ihn nicht. Ganz im Gegenteil, er konnte über sich selbst lachen.

Penny zählte auf, was sie brauchte, und er suchte ihr sofort die Gewürze heraus. Dabei unterhielten sie sich über Ivan, den sie beide sehr vermissten.

Da Waldemar bald Mittagspause hatte, bot er Penny an, sie mit dem Wagen zum Supermarkt zu fahren. Dort wollte sie den Rest der Lebensmittel besorgen.

Bepackt mit vier großen Papiertüten, kehrten sie zu Waldemars kleinem Auto zurück. Nachdem sie alles auf der Rückbank verstaut hatten, brachte er sie sogar nach Hause.

Beim Aussteigen sagte er dann plötzlich: „Also … ich … ich wollte dich fragen, ob du nicht vielleicht die Schulden deines kleinen Bruders bei mir begleichen könntest?"

Penny sah ihn überrascht an. Romeo hatte Schulden bei Waldemar?

„Er hat vor einer Woche Trüffeln bei mir gekauft. Ich musste sie extra für ihn bestellen. Er sagte was von einer Überraschung für euren Vater. Du weißt, was Trüffeln kosten!"

„Schokotrüffeln?", fragte Penny.

„Nein, echte Trüffeln. Schwarze Trüffeln. Das sind Pilze. Man verwendet sie zum Verfeinern von Speisen und schneidet sie in ganz dünne Scheiben. Kosten ein Vermögen!"

„Wie bitte? Und das hat Romeo für Paps gekauft? Paps' Lieblingsspeise sind Kartoffelpuffer mit Sauerrahm. Ich wette, er weiß nicht einmal genau, was Trüffeln sind.“

Waldemar zuckte ratlos mit den Schultern. „Romeo schuldet mir an die hundert Euro.“

Penny schluckte. So viel Geld hatte sie nicht. Das waren ja zwei Monate Taschengeld. „Ich … ich bringe das bestimmt in Ordnung. Es dauert nur ein bisschen“, versprach sie.

Nachdem Waldemar ihr geholfen hatte, die Lebensmittel in die Küche zu schaffen, musste er in den Laden zurück.

Wozu, um alles in der Welt, brauchte Romeo Trüffeln? Penny war von ihrem kleinen Bruder einiges gewohnt. Aber diesmal stellte er sie wirklich vor ein großes Rätsel.

Robin als Trüffelhund?

Kolumbus hatte sich noch immer nicht blicken lassen. Keiner seiner Freunde konnte ihr Auskunft geben, wo er steckte. Jedenfalls behaupteten sie das. Penny wusste aber, dass sie in solchen Fällen dichthielten und der Bruder sicher bei einem von ihnen untergetaucht war.

Robin ging es wieder schlechter. Er wirkte müde und die Wunde an der Flanke war glühend heiß. Dr. Moosburger wollte sie noch einmal gründlich reinigen, um den Eiterherd ein für alle Mal zu beseitigen.

Penny musste ihren Hund ins Behandlungszimmer begleiten und bei ihm bleiben. Robin fürchtete sich nämlich ganz schrecklich vor Dr. Moosburger als Tierarzt.

Zitternd lag er auf dem Tisch und Penny flüsterte ihm beruhigende Worte ins Ohr. Sie streichelte und kraulte ihn, aber die Angst blieb.

Endlich war die Wunde versorgt und Robin durfte wieder vom Tisch herunter. Er schüttelte sich kurz und blickte Penny und ihren Vater vorwurfsvoll an. Erst ein paar Hundekuchen konnten ihn ein bisschen trösten.

Penny lief zu den Welpen, die bereits wieder munter in der Box herumtollten. Damit sie ein wenig Abwechslung hatten, nahm sie die drei Kleinen mit in die Küche.

Dort hatte sich Milli in der Zwischenzeit über die Papiertüten hergemacht und alle vier aufgerissen. Der Inhalt lag nun verstreut auf dem Fußboden und die kleine Hündin futterte im Rekordtempo, was ihr schmeckte. Robin gesellte sich zu ihr und unterstützte sie tatkräftig.

„Spinnt ihr?“, schrie Penny.

Die Welpen blickten sie erschrocken an. Dann aber machten sie sich gierig über das Fleisch her, das sie in Windeseile aus dem Einwickelpapier geholt hatten.

„Weg da!", rief Penny und versuchte zu retten, was zu retten war.

Sie hatte erst die Hälfte der Sachen aufgehoben, als Sonja in der Küche erschien und ihr das Baby in die Hand drückte. „Ich muss weg. Meine Lieben warten schon zu Hause. Wir hatten heute endlich mal wieder Hochbetrieb in der Praxis. Also dann, bis morgen."

Mit dem Baby im Arm versuchte Penny, den Hunden nun auch die restlichen Sachen zu entreißen. Doch vom Fleisch war kaum noch etwas übrig.

Penny betrachtete die angebissenen Reste und seufzte tief. Das Baby begann zu schreien und die Welpen fiepten. Fast gleichzeitig machten alle drei eine große Pfütze. Milli schien das für eine Aufforderung zu einem Wettbewerb zu halten und hockte sich auch gleich auf den Boden. Ihre Pfütze war die größte von allen, was sie offensichtlich mit besonderem Stolz erfüllte.

„Sind denn hier alle verrückt geworden?", tobte Penny.

In diesem Augenblick kam Romeo zur Tür herein und rief: „Nein, ich nicht!"

„Da wäre ich mir nicht so sicher, junger Mann. Ich sage nur: Trüffeln!“, schleuderte ihm Penny an den Kopf.

Romeo bekam sofort knallrote Ohren. „Woher weißt du …?“, stotterte er.

„Raus mit der Sprache! Wozu hast du Trüffeln für knapp hundert Euro gekauft? Und wieso zahlst du deine Schulden nicht?“

Romeo blickte sie trotzig an. „Ich schlage dir einen Handel vor. Damit ich Paps nichts verrate, zahlst du meine Schulden.“

„Ich schlage dir ein Gegengeschäft vor: Damit ich dich nicht jeden Tag von der Schule abhole, in die Wange kneife und küsse, rückst du mit der Wahrheit heraus und lässt diese blöde Erpresserei endlich sein.“

Romeo lächelte unsicher. Pennys Drohung klang ernst. Sie hatte ihm das schon einmal angetan und seine Klassenkameraden hatten ihn in der Folge heftig verspottet und ausgelacht.

„Na ja … Trüffeln sind doch so wertvoll“, begann er. „Und sie wachsen im Wald. Rudi und ich haben einen Bericht im Fernsehen gesehen. Über Hunde, die Trüffeln suchen. Da kamen wir auf die Idee, dass wir es vielleicht mit Robin ausprobieren könnten. Wir wollen ihn als Trüffelhund ausbilden. Dann haben wir endlich mehr Taschengeld. Und weil er dein Hund ist, bekommst du auch ein bisschen von unserem Profit ab."

Penny verkniff sich nur mühsam das Lachen. „Romeo, es gibt bei uns keine Trüffeln."

„Wirklich oder sagst du das jetzt nur so?"

„Ehrenwort!"

Romeo seufzte tief. Es war für ihn jedes Mal schrecklich, wenn einer seiner Träume wie eine Seifenblase zerplatzte. Da er aber nicht mit Penny über seine Schulden bei Waldemar diskutieren wollte, verließ er eilig die Küche.

Die Welpen hatten sich in der Zwischenzeit in die Vorratskammer zurückgezogen, in der sie die untersten Regalbretter ausräumten. Schon fielen Cornflakes-Schachteln und Mehl in Papiersäckchen zu Boden.

„Oh nein, bitte nicht!", flehte Penny und stürmte zu ihnen.

Da klingelte das Telefon.

„Robin, Telefon!", rief Penny.

Der Sennenhund hatte als ehemaliger Filmhund gelernt, das Telefon von der Aufladestation zu holen, und beherrschte diesen Trick noch immer. Er nahm das Gerät vorsichtig zwischen die Zähne und hob somit ab.

„Ich komme schon!“, rief Penny, die gerade das Baby auf dem Arm hatte.

Sie schnappte sich nun auch noch die drei Welpen, damit sie nicht noch mehr Unheil anrichten konnten, und eilte in die Diele. Ächzend ließ sie sich auf der alten Holztruhe nieder, die als Telefontisch und gleichzeitig als Sitzbank diente. Links hatte sie das Baby, rechts die Welpen und zu ihren Füßen lagen Milli und Robin, die eifersüchtig waren und gestreichelt werden wollten. Jetzt konnte sie nur noch hoffen, dass es keine neue Katastrophenmeldung gab.

Eine Rabenmutter

Nachdem sich Penny gemeldet hatte, keifte eine Stimme am anderen Ende: „Du kannst deinem feigen Bruder ausrichten, dass es mir reicht. Ich lasse mich von ihm nicht so behandeln. Er muss geradestehen für das, was er getan hat."

„Wer ... wer spricht da?", fragte Penny, um endlich den Namen der Mutter des Babys zu erfahren.

„Elena, Elena Strack. Ich bin die Freundin von Kolumbus. Oder besser gesagt: Ich war seine Freundin. Der feine Herr hat mir nämlich den Laufpass gegeben, weil er sich in eine andere verknallt hat.

Dieser Schuft! Und ich sitze jetzt da und meine Eltern machen mir die Hölle heiß.“

„Aber was willst du noch?“, wunderte sich Penny. „Du hast es ihm ohnehin schon vor die Tür gestellt. Er ist allerdings abgehauen, als er es gesehen hat!“

„Abgehauen? Der Typ ist abgehauen? Was soll das heißen?“

„Er ist total geschockt, weil er es nicht wahrhaben will!“

„Kann ich verstehen. Es ist ein völliges Wrack. Total kaputt. Da ist nichts mehr zu machen!“ Elena schnaubte.

„Was sagst du da?“ Penny wäre das Telefon, das sie zwischen Schulter und Ohr geklemmt hatte, fast hinuntergefallen. „Was hast du gesagt?“

Sie warf einen prüfenden Blick auf das Baby in ihrem Arm. War es etwa krank? Vielleicht sogar behindert?

„Es ist nur so gekommen, weil er wieder einmal zu viel getrunken hat. Dieser Säufer!“

Penny wusste, dass es für ein Baby üble Folgen haben konnte, wenn die Mutter während der Schwangerschaft trank. Aber dass dies auch für den Vater galt, hatte sie noch nie gehört.

„Das ist doch Unsinn“, warf sie ein.

„Typisch, jetzt halten wieder alle zusammen", stieß Elena wütend hervor. „Es ist kein Unsinn. Weißt du, was das kostet? Weißt du, was das bedeutet? Und dieser Wahnsinnige rennt einfach davon und will nichts damit zu tun haben! So ein elender Feigling!"

„Trotzdem kannst du es uns nicht einfach vor die Tür stellen. Was sollen wir damit tun?", sagte Penny vorwurfsvoll.

„Erstens habe ich es nicht vor eure Tür gestellt und zweitens könnt ihr es auf den Schrotthaufen werfen. Das ist das Einzige, was man damit machen kann. Richte Kolumbus aus, dass er sich noch heute bei mir melden muss. Sonst zeige ich ihn an!"

Nachdem Kolumbus' Exfreundin aufgelegt hatte, saß Penny ein paar Sekunden wie betäubt da. Diese Elena war total verrückt. Penny drückte das Baby an sich, das sie freudig anstrahlte und gluckste. Wäre sie die Mutter, könnte sie sich niemals von einem solchen Kind trennen!

Da klingelte wieder das Telefon. Es war fast ein akrobatisches Kunststück dranzugehen, aber Penny schaffte es.

„Hallo, Prinzessin, wie läuft das Leben?", hörte sie Ivans Stimme aus dem Hörer.

„Ivan, super, dass du anrufst!“, rief sie. „Wo bist du?“

„Quizfrage: Bin ich in Alaska, Mexiko oder Hamburg?“

„In Hamburg natürlich. Und wie läuft es? Alles in Ordnung?“

„Nein, alles beschissen!“, antwortete Ivan.

Penny hörte gar nicht hin, sondern sagte gleich: „Du, ich muss dir etwas Wichtiges erzählen …“

Sie berichtete von den Ereignissen der vergangenen Tage und von Kolumbus’ Baby. Natürlich auch von dem Essen, das sie für die Rothenbaums zubereiten sollte.

„Also eines nach dem anderen!“, sagte Ivan. „Ich könnte mir denken, wo Kolumbus steckt.“

„Wo?“

„Bei meinem Großvater Alfons. Du weißt schon. Bei ihm hatten wir damals die Sau Diana versteckt!“

Penny erinnerte sich sofort. Alfons wurde von den meisten Leuten für einen Spinner gehalten, obwohl er keiner war. Er lebte zurückgezogen auf einem kleinen Gehöft im Wald, wo er zahlreiche Tiere versorgte, die er vor dem Schlachthof gerettet hatte.

„Ich habe ihn vor einiger Zeit einmal mitgenommen und daher kennen die beiden einander“, fuhr

Ivan fort. „Alfons freut sich immer über ein bisschen Abwechslung. Die beiden führen bestimmt hochgeistige Gespräche über Gott und die Welt und vor allem über Frauen."

„Sein Spezialthema!" Penny seufzte.

„Du, mir ist gerade etwas eingefallen", sagte Ivan plötzlich. „Ich denke an das Essen für die Rothenbaums. Ich weiß, wie du das schaffst."

„Sag schon!", drängte Penny.

Sie hörte ihm gespannt zu. „Und du meinst, das klappt?", fragte sie dann.

„Klar! Ich wette, die Kollegen helfen mir. Wir haben hier auch so ein Gerät, mit dem innerhalb von einer Stunde die Sachen auf minus vierzig Grad heruntergekühlt werden."

„Ich weiß nicht ...", zögerte Penny.

„Hast du einen besseren Plan?"

Nein, den hatte Penny nicht, und deshalb willigte sie ein.

Kaum hatte sie aufgelegt, fiel ihr ein, was Ivan gesagt hatte. Ihm selbst ging es beschissen. Aber wieso? Sie hatte ihn nicht einmal danach gefragt! Voll des schlechten Gewissens drückte sie sofort auf die „Rückruf"-Taste, aber Ivan hatte offensichtlich sein Handy bereits ausgeschaltet.

Das Baby quengelte, die Welpen fiepten und Milli und Robin begannen, auffordernd zu bellen. Alle hatten Hunger.

Es klingelte an der Tür. Da Penny keine Hand frei hatte, musste sie die Klinke durch einen geschickten Karatesprung mit dem Fuß runterdrücken.

August Bach stand draußen. Als er die Welpen in Pennys Arm sah, strahlte er über das ganze Gesicht. „Mich quälten schon die schwersten Vorwürfe und Zweifel", sagte er in seiner altmodischen Art.

Penny bat ihn in die Küche und versorgte zuerst einmal das Baby. Kaum war sein Hunger gestillt, kamen die Hunde an die Reihe. Erst danach konnte sie ein paar Brote für Herrn Bach, ihren Vater, Romeo und sich selbst machen.

„Herr Bach, haben Sie heute ein bisschen Zeit?", fragte sie den schrulligen Mann.

„Für Sie doch immer, meine Teuerste!", sagte er höflich.

„Gut, dann werden Sie jetzt auf die Hunde und das Baby aufpassen. Ich muss nämlich dringend weg, sonst gibt es eine mittlere Katastrophe." Der Anruf bei Ivan war vergessen.

Der Weg zu Alfons' Bauernhof war zu lang, um ihn mit dem Rad zurückzulegen. Penny musste also den Bus nehmen. Von der Station aus hatte sie dann noch eine gute halbe Stunde zu gehen. Der Sturm wurde immer heftiger und sie kam völlig durchfroren bei Alfons an.

Ivans Großvater freute sich, als er sie sah, und meinte: „Welch heller Glanz in meiner bescheidenen Hütte!"

Die Tür zur Stube ging auf und heraus trat Kolumbus! Als er Penny bemerkte, verengten sich seine Augen zu schmalen Schlitzen und er fuhr sie an: „Habe ich nicht einmal hier Ruhe vor dir?"

„Nein, hast du nicht. Die Mutter deines Sohnes macht uns nämlich die Hölle heiß und will dich anzeigen."

„Ich habe keinen Sohn. Ich habe überhaupt kein Kind!", brüllte Kolumbus.

Alfons zog sich erschrocken zurück.

„Wann hörst du endlich mit dem Lügen auf? Steh doch zu deiner Verantwortung!", brüllte Penny zurück.

Kolumbus schnappte nach Luft. „Sag, hat man dir das Hirn abgesaugt? Hör endlich auf, mir ein Kind unterzujubeln!"

Penny verstand nicht, wie ihr Bruder so stur sein konnte. Es war doch weder schrecklich noch verboten, ein Baby zu haben. Auch wenn er dafür etwas jung war.

„Auf jeden Fall macht deine Ex-Freundin Elena ernst", sagte sie.

„Behauptet sie wirklich, sie hätte ein Kind von mir?", fragte Kolumbus fassungslos.

„Ja, wobei du es auch gerne auf den Schrotthaufen werfen kannst. Originalausspruch deiner Verflossenen!"

Kolumbus schlug sich auf die Stirn. „Jetzt wird mir einiges klar. Schwesterherz, du bist wirklich das dämlichste Rindvieh aller Zeiten. Wenn du schon an Türen lauschst, dann mach es bitte besser und spiel nicht Miss Marple, die sich in ihrem Oberstübchen irgendetwas zusammenreimt."

Penny verstand kein Wort.

Alfons kam mit drei Bechern aus der Küche, die mit dampfendem Most gefüllt waren. „Glühmost, das braucht ihr jetzt!", sagte er und schob die beiden in die Stube.

„Ich brauche vor allem eine Erklärung!", meinte Penny trocken.

Kolumbus' Geheimnis

„Elena hat nicht von einem Baby gesprochen, sondern vom Sportwagen ihrer Mutter!“, erklärte Kolumbus. „Ich war mit ihr vor drei Wochen in der Disco. Als ich sie abgeholt habe, hat sie mit den Wagenschlüsseln geklimpert und gemeint, ihre Mutter sei verreist und wir könnten uns ihren Flitzer ausborgen.“

„Aber du hast doch gar keinen Führerschein!“, warf Penny ein.

Kolumbus grinste verlegen. „Ich kann aber trotzdem schon fahren. Und die Verlockung war groß.

Außerdem hat mich Elena richtig dazu gedrängt und gemeint, ich sei ein Schlappschwanz, wenn ich mir diese Gelegenheit durch die Lappen gehen ließe. Auf der Rückfahrt saß sie am Steuer und ist frontal in ein Straßenschild gefahren. Da wir beide keinen Führerschein haben, konnten wir nicht zur Polizei gehen. Deshalb hat Elena einen Plan ausgeheckt: Wir sind zu Fuß zu ihr nach Hause und sie hat den Wagen als gestohlen gemeldet. Ich war dagegen, aber sie hat immer wieder beteuert, das sei die beste Lösung."

Natürlich war es das nicht. Kolumbus und Elena waren vor der Disco im Auto gesehen worden. Außerdem fand die Polizei Elenas Fingerabdrücke und die eines Unbekannten am Lenkrad. Zuerst hielt Elena dicht, weil sie Kolumbus auf diese Weise zurückzugewinnen hoffte. Er wollte nämlich mit ihr Schluss machen. Diesmal nicht wegen einer anderen, sondern um sich von ihr nicht unter Druck setzen zu lassen.

„Sie behauptet, ich sei zurückgefahren und betrunken gewesen. Das bedeutet, ich müsste den Wagen ersetzen." Kolumbus seufzte.

„Aber wenn ihr vor der Disco beobachtet worden seid, hat vielleicht auch jemand gesehen, wer am

Steuer saß", fiel Penny ein. „Außerdem, hattest du wirklich was getrunken?"

Kolumbus schüttelte energisch den Kopf. „Keinen Tropfen. Ich mag doch keinen Alkohol. Elena hat sich deswegen über mich lustig gemacht."

„Das wird der Barmann sicher bestätigen können", meinte Penny.

Kolumbus zuckte mit den Schultern.

„Du musst dafür geradestehen und versuchen, alles aufzuklären. Das ist die einzige Chance", sagte Penny.

Ihr Bruder seufzte noch einmal.

„Aber wer hat uns dann das Baby vor die Tür gestellt?", fragte Penny.

Kolumbus zuckte wieder die Achseln.

August Bach erwies sich als hervorragender Babysitter. Der Kleine lachte und die Welpen spielten zu seinen Füßen, als Penny und Kolumbus nach Hause kamen.

Matthias Moosburger war nicht da. Er hatte angekündigt, dass er erst spät in der Nacht zurück sein würde, weil er zu einer trächtigen Sau fahren musste, die wahrscheinlich rekordverdächtig viele Ferkel zur Welt bringen würde.

Kolumbus telefonierte lange mit Elena. Sie war wieder zur Vernunft gekommen und mit ein bisschen Glück würde alles gut ausgehen.

Später saßen sie in der Küche, verspeisten, was noch an essbaren Sachen da war, und plauderten fröhlich miteinander. Dabei vergaßen sie ganz, der Polizei den Fund des Babys zu melden.

Am nächsten Vormittag hielt ein Kurierfahrzeug vor der Hammerschmiede. Ein gestresst wirkender Bursche sprang heraus und fragte: „Wohnen hier die Nussbaumers?"

„Nein, die Moosburgers!", sagte Penny.

„Genau zu denen will ich", bestätigte der Bursche.

Er öffnete die hintere Klappe des Wagens und holte sieben große Kartons heraus.

„Es geht mich ja nichts an, was da drin ist", sagte der Mann. „Aber interessieren würde es mich schon, wieso die Dinger so kalt sind."

Penny machte ein ernstes Gesicht. „Es sind mehrere Kuhaugen, außerdem ein Schweineherz, das noch schlägt, ein Schafshirn, das noch funktioniert, und jede Menge lebendiger Embryos von Ziegen. Sie werden aber alle noch heute eingesetzt. Mein Vater ist nämlich eine Art Dr. Frankenstein für Tiere."

Der Fahrer verzog angewidert das Gesicht. Er war froh, die Fracht loszuwerden.

Als er davonbrauste, musste Penny lachen, denn in den Paketen waren jeweils zehn Portionen der feinsten Vor-, Haupt- und Nachspeisen des berühmten Meisterkochs Georg Tusch aus Hamburg. Zur Abrundung war auch noch ein Zwischengang beigepackt und eine kleine Kostprobe zu Beginn. Alles schockgefroren und mit genauen Anweisungen versehen, wie Penny es wieder auftauen musste. „Essen per Post“, hatte Ivan es genannt. Er war überzeugt, dass alles klappen würde, und wenn Penny noch Fragen hätte, sollte sie ihn anrufen. Die Nummer des Restaurants hatte er angegeben.

Das einzige Problem bestand darin, die Pakete zum Anwesen der Rothenbaums zu schaffen. Aber dabei konnte Kolumbus helfen, der Penny ohnehin noch einen Gefallen schuldete. Er besaß einen kleinen Anhänger für sein Moped und mit drei Fahrten hatten sie es geschafft.

Penny wurde bereits von Herrn Angerer erwartet. Der Mann musterte misstrauisch die Pakete und fragte hochnäsig: „Was wird das? Dosenessen?“

Penny gab ihm keine Antwort, sondern machte sich in der Küche gleich an die Arbeit. Sie packte alles aus und stellte es auf. Ivan hatte mit der Hand eine lange Zubereitungsanleitung geschrieben, die sie genau studierte.

Da sie trotzdem noch Fragen hatte, rief sie ihn in Hamburg an. Eine freundliche Frauenstimme erklärte ihr, dass Ivan nicht zu erreichen sei. Aber auch sie könne ihr bestimmt weiterhelfen.

Gegen sechs Uhr hatte Penny alles aufgetaut und bereitgestellt.

Sie hörte draußen Wagen vorfahren, Leute aussteigen und fröhlich miteinander schwatzen. Grimmig dachte sie daran, dass sie es mit Hobbyjägern zu tun hatte, die zum Spaß arme Tiere abknallten. Langsam stieg Wut in ihr auf.

Hubert Angerer hatte ihr Tun mit hochgezogenen Augenbrauen verfolgt und schien sich zu ärgern, dass ihr alles so leicht von der Hand ging.

„Ach, du musst übrigens auch den Herrschaften das Essen servieren. Das Mädchen ist ebenfalls ausgefallen“, erklärte der Verwalter, nachdem er von den Speisen genascht und festgestellt hatte, dass sie vorzüglich schmeckten.

„Kein Problem!“, sagte Penny, obwohl sie innerlich vor Angst zitterte.

Herr Angerer reichte ihr ein schwarzes Kleid und

eine weiße Schürze, die wie aus dem achtzehnten Jahrhundert aussahen.

Pünktlich um acht versammelten sich die Gäste an der langen Tafel.

Hubert Angerer war in einen Frack geschlüpft und spielte den Butler.

„Los, los, die Herrschaften warten nicht gerne", trieb er Penny an.

Sie setzte ihr freundlichstes Lächeln auf und sagte zuckersüß: „Auch wenn Sie es noch so oft versuchen, Sie können mich nicht aus der Ruhe bringen."

Herr Angerer verzog das Gesicht, als hätte er in eine Zitrone gebissen.

Penny hatte die Vorspeisenhappen genau so angerichtet, wie Ivan es beschrieben hatte.

Als sie mit dem Tablett zur Tür hereinkam, verstummten die Gäste und blickten ihr erwartungsvoll entgegen.

Herr Angerer hatte Penny nicht aus der Fassung bringen können. Doch das änderte sich schnell, als sie einen Blick auf die lange Tafel warf.

Großes Lob für die Köchin

Zuerst sah sie das dunkelblonde Mädchen, das Hans Georg von der Schule abgeholt hatte. Sie hatte ihren Platz am oberen Ende des Tisches.

Penny traute ihren Augen nicht, denn neben dem Mädchen saß niemand anderer als Hans Georg Müllenburg. Als er Penny erblickte, wäre er am liebsten unter dem Tisch verschwunden.

Penny überlegte einen Augenblick, ob sie nicht einfach wegrennen sollte. Doch dann richtete sie sich auf und stolzierte mit erhobenem Kopf in den Raum.

Es war nicht zu übersehen, dass auch Herr Rothenbaum gerne jagte. Zu seinen Trophäen zählten ein ausgestopfter Zebrakopf, ein Löwenhaupt und die Stoßzähne eines Elefanten.

Die Gäste waren jünger als Herr Rothenbaum. Penny stufte sie alle in die Kategorie „Ach-wie-sind-wir-schick-und-toll“ ein. Die angenehmste Erscheinung war Frau Rothenbaum, die neben ihrem Mann saß und Penny freundlich zulächelte.

Penny schenkte ihrem Lehrer keine Beachtung. Sie ärgerte sich grün und blau, dass sie auf diesen Typen reingefallen war. Er kannte die Rothenbaums und hatte ihr trotzdem nicht geholfen. Wahrscheinlich war er zu feige gewesen. Bestimmt nahm er morgen sogar an der Jagd teil.

Sie sah, wie seine Freundin ihren Arm unter seinen schob und ihm zuraunte: „Ist die nicht ein bisschen jung? Könnte eine deiner Schülerinnen sein!“

Hans Georg brachte nur ein „Na ja ... ja, ja ... ha, ha!“ heraus.

„Und Sie arbeiten noch immer als Lehrer?“, fragte Herr Rothenbaum den Freund seiner Tochter von oben herab.

„Na ja, vorübergehend“, stammelte Herr Müllenburg.

Seine Freundin zupfte an seinem Jackett und sagte zu ihrer Tischnachbarin: „Was hältst du davon? Habe ich ihm gestern gekauft, weil er so süß darin aussieht."

Aha, daher kannst du dir so teure Klamotten leisten. Lässt sie dir von deiner Herzallerliebsten schenken, dachte Penny.

„Das ist eine Fischpastete aus Nordseefischen mit Krebssoße an herbstlichem Grün", kündigte Penny den Gästen an, genau wie Ivan es ihr aufgeschrieben hatte.

Unter „Ah" und „Oh" wurde die Tafel eröffnet.

Als Penny später abservierte, meinte Frau Rothenbaum: „Mein Kompliment, junge Dame. Ausgezeichnet."

Die Begeisterung für Pennys Kochkünste wuchs mit jedem Gang. Vor der Nachspeise kam Frau Rothenbaum sogar in die Küche, um Penny noch einmal ausdrücklich zu gratulieren.

„Hubert, diese Köchin müssen Sie öfter beschäftigen!", trug sie dem Verwalter auf, der daraufhin ein noch saureres Gesicht machte.

Auch Hans Georg erschien in der Küche und flüsterte Penny zu: „Ich … ich kann dir das erklären. Es tut mir leid, aber …"

Penny, die gerade eine Schale mit roter Soße in der Hand hatte, täuschte eine ungeschickte Bewegung vor und goss sie dem Lehrer über das neue Jackett.

Doch statt auf sie wütend zu sein, entschuldigte sich Hans Georg in seiner Verlegenheit noch für seine Ungeschicklichkeit.

Als Penny die letzten Teller abräumte, hörte sie, wie sich die Herren der Gesellschaft über den bevorstehenden Tag unterhielten. Sie planten tatsächlich, ein Wettschießen zu veranstalten. Wer am meisten Fasane und Rebhühner erlegte, war der Gewinner.

Mit klopfendem Herzen kehrte Penny in die Küche zurück. Die Tiere hatte sie fast vergessen.

Plötzlich bekam sie höllische Kopfschmerzen.

„Haben Sie vielleicht eine Aspirin-Tablette für mich?“, fragte sie Herrn Angerer.

Der Verwalter nickte und ging zu einem schmalen Schränkchen hinter der Tür.

Aus dem Esszimmer hörte Penny die Stimme von Frau Rothenbaum: „Meine Lieben, ich weiß nicht, ob ihr euch so auf die Nüsse stürzen solltet. Es gibt noch einen Nachtisch, der sicherlich auch ausgezeichnet sein wird. Außerdem sind die Nüsse viel zu frisch. Als ich ein Kind war, hat mir meine Mutter immer gesagt, ich soll keine frischen Nüsse essen.“

Die Kopfschmerztablette half kaum und Penny wollte eine zweite nehmen. Da Herr Angerer nicht mehr in der Küche war, bediente sie sich selbst. Im Erste-Hilfe-Schrank fiel ihr Blick auf eine große Schachtel. Sie wusste, was sie enthielt, weil es etwas Ähnliches auch einmal bei ihnen zu Hause gegeben hatte.

Penny nahm die Schachtel und drückte alle Tabletten aus der Folie. Sie fand einen Mörser, in dem sie die Medizin zu feinem Pulver zerstieß. Dann mischte sie dieses in einen Teil der herben Pflaumenmousse, die es zum Nachtisch geben sollte. Sie kostete nur mit der Zungenspitze und war sicher, dass niemand das Pulver herausschmecken würde. Sie verteilte nun die Mousse gleichmäßig auf mehrere Teller und merkte sich genau, welche es waren.

Auch die Nachspeise fand großen Anklang. Penny lächelte bescheiden, als sie von Frau Rothenbaum vor allen Gästen gelobt wurde. Diese hielten sich mit ihrem Beifallsbekundungen zurück, weil sie sich wohl zu fein dafür waren.

Nur Hans Georg stimmte in das Lob der Gastgeberin ein.

„Übrigens haben Sie Recht. Frische Nüsse sind gefährlich. Ich habe einmal schreckliche Bauchschmerzen davon bekommen", raunte Penny Frau Rothenbaum zu. Diese lächelte wieder.

Herr Angerer hätte so gerne Pennys Niederlage erlebt und war nun schwer enttäuscht.

Durch das Fenster sah Penny seine Frau, die im Garten die letzten Vorbereitungen für den Winter traf. Von Krankheit keine Spur.

Penny ließ alle Verpackungen im Müllcontainer hinter dem Haus verschwinden und lächelte zufrieden in sich hinein. Aus der Jagd würde wohl nichts werden. Die Herren hatten nämlich alle ein schweres Abführmittel im Nachtisch gehabt. Bestimmt würden sie den nächsten Tag hauptsächlich auf der Toilette verbringen. Der Gedanke daran ließ Penny fast einen Luftsprung machen.

Sie wusste, dass die gezüchteten Fasane und Rebhühner irgendwann einmal im Kochtopf landen würden. Aber wenigstens blieben ihnen die jämmerliche Jagd und die Todesangst erspart, die sie sicher spüren würden, wenn sie die Schüsse hörten und ihre Artgenossen sterben sahen.

Auch wenn Penny sie gerne befreit hätte: In freier Wildbahn könnte keines der Tiere überleben. Vielleicht würde sie ein paar zu Alfons bringen können, aber alle auf keinen Fall.

Es war kurz vor zehn Uhr und Penny musste nach Hause. Bestimmt wunderte sich ihr Vater schon, wo sie so lange blieb.

„Ich hole mir nur schnell Zigaretten. Ich nehme deinen Wagen. Okay?“, hörte Penny Hans Georgs Freundin im Hof rufen.

Ein Wagen wurde gestartet und Penny ließ vor Schreck den Deckel der Mülltonne fallen: Der Auspuff des Wagens gab drei Knaller von sich und nach einer kurzen Pause einen vierten. Die junge Frau schien daran gewöhnt zu sein und brauste davon.

Wunder nicht ausgeschlossen

Penny sah in der Dunkelheit einen Schatten. Sie fragte: „Herr Müllenburg?“

„Äh … ja … hallo!“, stammelte der Lehrer.

„Ich danke Ihnen, dass Sie mir Ihr Baby anvertraut haben. Ihre Exfreundin aus Wien hat es Ihnen wohl vor die Tür gestellt, damit Sie sich auch einmal darum kümmern, nicht wahr? Und Sie haben es gleich an uns weitergegeben. Sicher dachten Sie, wenn wir uns schon um fremde Welpen kümmern, dann würden wir auch ein Baby aufnehmen.“

„Äh … nein … ja … also …“

„Aber natürlich darf Ihre neue Flamme nicht wissen, dass Sie schon ein Kind in die Welt gesetzt haben. Es könnte ihren Eltern missfallen."

Hans Georg wand sich wie ein Wurm.

„Sie sind kein schlechter Lehrer und ich habe Sie anfangs echt gut gefunden. Aber jetzt wird mir ganz übel, wenn ich daran denke, dass ich Ihretwegen geschwindelt habe."

„Geschwindelt?"

„Ja, Elvis, der Junge, mit dem Sie mich gesehen haben, ist mein Freund. Ein echter Freund. Ein toller Kerl. Ehrlich, aufrichtig, hat Charakter, Rückgrat, Haltung, Hirn und Herz. Sie können mich von mir aus durchfallen lassen, aber Sie haben das alles nicht! Wann holen Sie Ihr Kind ab? Oder besser: Wo ist seine Mutter? Ihnen gebe ich den Kleinen nämlich nicht. Das wäre unverantwortlich."

„Na hör mal, er ist mein Sohn!", empörte sich Hans Georg hilflos.

„Jetzt auf einmal?" Mit diesen Worten ließ Penny ihn stehen und ging wieder ins Haus.

Sie holte sich ihre Jacke aus der Küche. Zufrieden sah sie, wie sich bereits zwei der Herren vor der Toilette drängten. „Ja, ja, die Nüsse!", sagte sie.

Am Sonntagnachmittag kam Hans Georgs Exfreundin aus Wien und holte das Baby ab. Sie entschuldigte sich viele Male für die eigene Dummheit und die verrückte Idee von Herrn Müllenburg. „Ich ... ich hab ihn noch immer gern und ich dachte, vielleicht bringen ihn ein paar Tage mit dem kleinen Lukas zur Vernunft. Er ist nämlich abgehauen, als ich schwanger wurde."

„Man soll die Hoffnung nie aufgeben. Vielleicht geht ihm eines Tages ein Licht auf", meinte Penny und fühlte sich sehr erwachsen bei dem Gespräch von Frau zu Frau.

Hans Georgs Exfreundin nickte. „Er hat mich um ein paar Tage Bedenkzeit gebeten und will nächstes Wochenende nach Wien kommen. Heute geht es ihm aber leider gar nicht gut. Er hat gestern frische Nüsse gegessen und die sind ihm nicht bekommen."

„Der Arme", seufzte Penny.

Die Welpen kamen wieder zu August Bach und der Hundemutter. Später wollte Dr. Moosburger ein gutes Zuhause für sie finden.

Kolumbus konnte die Sache mit dem Auto klären. Elena war zur Vernunft gekommen und hatte endlich die Wahrheit gesagt.

Romeo wollte sich noch immer nicht damit abfinden, dass es im Wald keine Trüffeln gab.

Die Zeit ohne Ivan bei den Moosburgers würde auch bald zu Ende gehen. Der Starkoch hatte Ivan nämlich beschwindelt. Nachdem er den erkrankten Kollegen vertreten hatte, sollte er nur noch als Küchenhilfe arbeiten, was Ivan dankend ablehnte. Er hatte ohnehin schon Heimweh nach der Hammerschmiede.

Am Sonntag, spät abends, klingelte das Telefon. Penny ging ran und hörte lautes Rauschen und Knacken. Durch den Lärm kam Elvis' Stimme. Penny verstand ihn kaum, aber sie musste ihm etwas Wichtiges sagen: „Du, ich … ich … also, ich … dich … !“, schrie sie in den Hörer.

„Ebenfalls!“, lautete die Antwort.

Es war einfach herrlich, nach so langer Zeit wieder mit Elvis zu sprechen.

„Wir sehen uns bald!“, brüllte Penny. Die Verbindung war leider noch immer nicht gut.

„Ich kann es kaum erwarten, dich wiederzusehen!“, rief er.

Und wenn du glaubst, es geht nicht mehr, kommt von irgendwo ein Lichtlein her, erinnerte sich Penny an einen Spruch, der früher auf einer kleinen Holztafel über ihrer Tür gestanden hatte – ein Geschenk ihrer Großmutter.

Wie wahr, dachte Penny, und plötzlich musste sie laut loslachen. Einfach so.

Milli und Robin starrten sie überrascht an. Was war in ihr Frauchen gefahren? Seufzend ließen sie die Köpfe wieder sinken. Sie waren wirklich einiges gewohnt bei den Moosburgers. Und ändern würde sich das ganz bestimmt nicht …

HALLO THOMAS!

Wolltest du schon immer Schriftsteller werden?
Zuerst wollte ich Tierarzt werden, aber ich habe beim Studium schnell erkannt, dass das kein Beruf für mich ist. Geschichten habe ich mir immer schon gerne ausgedacht und geschrieben habe ich auch gerne. Allerdings nicht in der Schule, denn meine Deutschlehrer waren immer nur auf Fehlerjagd. Geschrieben habe ich mehr für mich und durch viele Zufälle ist aus dem Hobby ein Beruf geworden.

Wie lange brauchst du für ein Buch?
Ganz unterschiedlich. An guten Tagen schaffe ich etwa 20 Buchseiten. Es gibt auch Tage, an denen ich nur wenig schaffe. Trotzdem setze ich mich immer hin. Ich höre übrigens immer mitten im Satz zu schreiben auf. Am nächsten Tag fällt das Anfangen dann viel leichter.

Erfindest du alles, was in deinen Büchern steht, oder recherchierst du viel?
Natürlich recherchiere ich, wenn es das Thema verlangt. Sehr gründlich. Das ist auch wichtig für mich, weil ich mich sonst beim Schreiben nicht sicher fühle. Zum Recherchieren bin ich schon U-Boot gefahren, durfte einmal als Flugschüler ein kleines Flugzeug steuern, habe einen Sturzflug miterlebt, Tierpfleger bei der Arbeit begleitet, lange

Gespräche mit Tierschützern geführt und viele Städte und Länder bereist. Die Geschichten selber entstehen natürlich in meiner Fantasie.

Woher nimmst du eigentlich deine Ideen?
Hm, das ist mir selbst ein Rätsel. Sie kommen ganz einfach. Ich ziehe Ideen an wie ein Magnet ... Ich halte Augen und Ohren weit offen und fange sie auf diese Weise ein. In meinem Kopf reifen sie dann. Manche ein paar Wochen, andere ein paar Jahre. Von 1000 Ideen setze ich aber nur vielleicht 30 um. Ich sammle ständig und überall. Oft genügt ein winziger Anstoß und auf einmal wächst daraus die Geschichte.

Entstehen deine Geschichten erst beim Schreiben am Computer oder hast du sie schon vorher ganz genau in deinem Kopf?
Mehr als zwei Drittel sind fertig, wenn ich mich zum Schreiben hinsetze. Ich notiere jede Idee in einen Mini-Computer, den ich immer dabeihabe, aber nur aus einigen werden dann Geschichten. Manchmal braucht das „Wachsen“ ein paar Wochen, manchmal ein paar Jahre.

Was ist das für ein Gefühl, wenn man so bekannt ist?
Ich finde es toll, wenn ich Briefe und E-Mails von Lesern bekomme, die mir erzählen, wie viel Spaß und Spannung sie beim Lesen hatten. Das ist für mich ein wunderbares Gefühl. Schließlich schreibe ich nicht, um bekannt zu sein, sondern weil es für mich die tollste Sache der Welt ist.

Ravensburger Bücher von Thomas Brezina

Habe ich	Fehlen mir		ISBN 978-3-473-
♡	♡	**Jungs und andere Esel**	47383-0
♡	♡	**Pony verzweifelt gesucht!**	47387-8
♡	♡	**Ein Pandababy zum Verlieben**	47391-5
♡	♡	**Ein Pferd fürs Leben**	47377-9
♡	♡	**Wilde Weihnachten**	47370-0

HC_08_013

Ravensburger Bücher **von Thomas Brezina**

Sieben Pfoten für PENNY

Thomas Brezina

Ein Schwein zum Knutschen!

Penny wittert einen Skandal! In einer Nacht- und Nebenaktion bricht sie beim fiesen Bauern Witz ein, der laut Gerüchten mit einem seiner Schweine sehr viel Kohle machen will. All seine Tiere werden in engen, dunklen und dreckigen Ställen gehalten und leiden fürchterlich. Nur das Schwein, mit dem er reich werden möchte, wird gut gepflegt. Penny stiehlt es und versteckt das Tier an einem geheimen Ort ...

ISBN 978-3-473-**47388**-5

Thomas Brezina

Brüder und andere Katastrophen

Diese Vollidioten! Entsetzt starrt Penny auf ihre schrecklich aussehenden Haare. Ihre Brüder haben ihr einen Streich gespielt und violettes Färbemittel in die Shampooflasche gefüllt. Gleich kommt der tollste Junge der Schule, um mit ihr zu einer angesagten Party zu gehen. Kann sie sich so aus dem Haus trauen?

ISBN 978-3-473-**47389**-2

www.ravensburger.de

Ravensburger

HC_08_005

Ravensburger Bücher **von Thomas Brezina**

Sieben Pfoten für PENNY

Thomas Brezina

Löwenstarke Freundinnen

Penny schnappt ein furchtbares Gerücht auf: Sobald die Tierbabys im Safaripark größer werden und für die Besucher nicht mehr so niedlich sind, lässt der Betreiber sie angeblich töten. Derartige Grausamkeiten kann Penny auf gar keinen Fall zulassen! Sie sagte dem Besitzer des Tierparks den Kampf an ...

ISBN 978-3-473-**47386**-1

Thomas Brezina

Pony verzweifelt gesucht!

Sind die winzig! Penny ist begeistert von den Miniponys, die so groß wie ihr Berner Sennenhund sind. Besonders niedlich findet sie Baby Lou. Daher ist sie auch entsetzt, als dieses Tier eines Tages spurlos verschwindet. Das Kleine braucht doch dringend seine Mama. Es beginnt eine verzweifelte Suche ...

ISBN 978-3-473-**47387**-8

www.ravensburger.de

Ravensburger

HC_07_027

Ein Vorgeschmack auf ein weiteres Abenteuer von Penny

Penny war richtig stolz auf ihren Vater.

Na ja, ein neues Hemd hätte er zu diesem Anlass schon anziehen können! Und seine Hose hatte ziemlich ausgebeulte Knie! Seine aschblonden Haare waren verstrubbelt und das Rasieren hatte er während der letzten Tage wohl auch vergessen, wie man an seinen Bartstoppeln erkannte.

Allerdings war das alles nichts Ungewöhnliches. Matthias Moosburger war immer zur Stelle, wenn ein Tier Hilfe brauchte, aber seinem Aussehen stand er völlig gleichgültig gegenüber. Doch Penny musste im Stillen zugeben, dass ihr Vater selbst in seinen Knitterklamotten, mit dem Dreitagebart und der wilden Frisur ein gut aussehender Mann war.

Dr. Matthias Moosburger stand auf den Stufen vor dem Eingang zum Direktionsgebäude des Tiergartens und blickte verlegen auf seine Schuhe, an denen noch Erde von seinem nächtlichen Einsatz klebte. Er war zu einer schwierigen Schafsgeburt gerufen worden. Sehr glücklich hatte er beim Frühstück der Familie berichtet, dass das Mutterschaf und die beiden Jungtiere wohlauf seien.

Neben Herrn Moosburger hielt Brigitta Rehberg, die Leiterin des Zoos, eine kleine Ansprache an die versammelten Tierpflegerinnen und -pfleger.

„Es ist für uns wirklich eine große Bereicherung, Dr. Moosburger im Team unserer Tierärzte zu wissen. Er wird an einem Tag der Woche ganz zu unserer Verfügung stehen und vor allem für die Pandas, Koalas und Menschenaffen verantwortlich sein."

Penny, die sich hinter den Halbkreis der Pfleger gestellt hatte, beobachtete zufrieden, wie mehrere freundlich nickten. Einen besseren Tierarzt als ihren Vater konnten sie sich gar nicht wünschen, davon war Penny überzeugt.

„Erreichen könnt ihr Dr. Moosburger über sein Handy", fuhr Frau Rehberg fort.

Ein kleiner Tierpfleger mit stacheligen rotblonden Haaren und mehreren Piercings in der Nase und in einem Ohr scherzte: „Echt? Ich dachte, wir müssten ihn herbeitrommeln."

Die Zoodirektorin hörte den Einwurf und griff ihn sofort auf: „Nein, Andreas, wir haben beschlossen, moderner zu werden. Einverstanden?"

„Habe nichts dagegen einzuwenden", erwiderte der Pfleger lachend.

Dr. Moosburger bat die Direktorin, auch noch ein paar Worte sagen zu dürfen. „Für mich ist es eine Ehre, hier im Tiergarten tätig sein zu können. Ich freue mich auf die Zusammenarbeit, auf euch alle und besonders auf die Tiere. Meine Familie wirft mir manchmal vor, dass mir Tiere wichtiger seien als Menschen." Er lächelte verlegen und zuckte entschuldigend mit den Schultern.

Für die Bemerkung gab es Gelächter.

Der Tierarzt bedankte sich bei den Pflegern für ihr Kommen.

Andreas begann in die Hände zu klatschen, andere fielen ein, Penny natürlich auch. Schließlich gab es für Matthias Moosburger einen richtigen Begrüßungsapplaus.

Die Gruppe löste sich auf. Beim Weggehen besprachen die Pfleger die Neuigkeit.

Penny blieb stehen und wartete auf ihren Vater.

Eine Frau in einer grünen Latzhose, die stark nach Fisch roch, ging an ihr vorbei. Penny schnappte auf, wie sie zu einem Kollegen sagte: „Franziska ist wieder leer ausgegangen." Bitter fügte sie hinzu. „Sie hat im Gegensatz zu Dr. Moosburger leider keinen, der sich für sie stark macht."

Was meinte die Pflegerin? Verwundert sah Penny ihr nach. Die langen, strähnigen Haare hatte sie zu einem Pferdeschwanz gebunden. Sie ging ein wenig gebückt und machte ein Gesicht, als würde sie ständig die Nase rümpfen.

Matthias Moosburger und Brigitta Rehberg kamen zu Penny.

„Hast du dich sehr für mich schämen müssen?“, fragte Herr Moosburger treuherzig. Dabei erinnerte er sie an seinen kleinen Sohn Romeo, wenn dieser etwas ausgefressen hatte.

„Ging so“, meinte Penny grinsend. Sie deutete zu der Pflegerin mit dem Pferdeschwanz. „Wer ist das da hinten eigentlich?“

Frau Rehberg seufzte. „Manuela. Ein kleiner Problemfall. Sie ist für die Pinguine verantwortlich und macht ihre Arbeit wirklich gut. Schlimm sind nur ihre Stimmungsschwankungen.“

„Und wer ist Franziska?“

Die Direktorin schien sehr überrascht zu sein, dass Penny diesen Namen kannte.

„Franziska ist ihre Schwester. Auch eine Tierärztin.“

„Hat sie sich für die Stelle beworben, die ich bekommen habe?“, wollte Dr. Moosburger wissen.

Brigitta Rehberg zögerte kurz und nickte dann.

Schnell wechselte sie das Thema. „Aber jetzt ist wirklich eine Begrüßungsrunde bei ihren Schützlingen fällig.“ Gemeinsam gingen die drei los.

Die Koalas dösten auf dicken Ästen vor sich hin. Wie kleine Teddybären hockten sie dort oben und schliefen, als gäbe es nichts Schöneres auf der Welt. Penny mochte den Geruch von Hustenbonbons in ihrem Gehege. Er kam vom einzigen Futter, das die Koalas zu sich nahmen: Eukalyptus.

„Die Blätter enthalten nur wenige Nährstoffe und sind ziemlich schwer zu verdauen. Trotzdem wollen die Koalas nichts anderes“, bemerkte Matthias Moosburger.

Beim Orang-Utan-Gehege wurden sie von den vier Tieren auf unterschiedliche Weise begrüßt. Das bullige Männchen mit dem fast quadratischen Kopf hockte auf einem umgedrehten Eimer und musterte die Moosburgers und die Zoodirektorin argwöhnisch.

An einem Seil schaukelte ein Affenbaby mit orangefarbenem Fell und dünnem Kopfhaar. Nur an einem Arm baumelnd guckte es verlegen in eine andere Richtung.

Ein Weibchen näherte sich und nahm es an sich. Der Kleine drückte sich sofort an die Brust seiner Mutter und begann zu trinken. Ein zweites Weibchen kam mit langsamen Schritten, nur leicht auf die Hände gestützt, zum Glas, richtete sich auf, klatschte mit den Fingern dagegen und küsste die Scheibe dreimal.

„Lola mag Sie, Herr Moosburger“, meinte Frau Rehberg schmunzelnd.

Sie gingen weiter zur Anlage der Gorillas. Wie eine Insel ragte sie aus einem kleinen See. Sie war mit hohen Bäumen, liegenden Stämmen, kleinen Höhlen und allerhand Decken und Spielsachen ausgestattet. Einer der Gorillas spielte mit einer Decke. Er versuchte, sie über seinen Kopf zu ziehen, kippte dabei zur Seite und fand so heraus, dass er sie auch als Schlafunterlage verwenden konnte.

Penny beobachtete, wie ein deutlich kleinerer Gorilla auf einem liegenden Baumstamm hockte und mit seinen Fingern etwas aus einem Astloch fischte. Genüsslich steckte er Stück für Stück in den Mund.

„Nüsse“, erklärte Frau Rehberg, die Pennys fragenden Blick bemerkt hatte. „Wir verstecken das Futter der Gorillas in der ganzen Anlage, damit sie beschäftigt sind und herausgefordert werden.

Der Größte der Gruppe kam angelaufen, richtete sich am Rand der Insel auf, hob die Fäuste und trommelte auf seine graue Brust.

Dr. Moosburger reckte den Kopf in die Höhe und

machte es ihm nach. Dabei gab er einen tiefen Laut von sich.

Das Männchen ließ sich davon nicht beeindrucken, setzte erneut an und trommelte und grölte noch lauter.

„Diesmal lass ich dich gewinnen. Wir müssen schließlich gut miteinander auskommen“, bemerkte der Tierarzt. Als er sich wegdrehte, hatte Penny den Eindruck, dass das Gorillamännchen ihm zufrieden nachsah.

„Das ist Alaffa, der Anführer unserer vier Burschen. Robert, sein Pfleger, behauptet immer, er sei in mich verliebt“, erzählte die Zoodirektorin.

„Aha, Robert ist in Sie verliebt?“, hakte Matthias Moosburger nach.

„Nein. Alaffa. Mir gegenüber hat er noch nie versucht, sich zu behaupten. Ganz im Gegenteil: Er wird meist verlegen, wenn ich in die Nähe seines Geheges komme. Aber bei Männern muss er immer den Starken spielen.“

Den Abschluss bildete der Besuch bei den Pandas. Auf dem Weg erzählte Frau Rehberg: „Unser Pärchen ist seit drei Jahren hier. Gao Gao, der ‚Große‘, ist unser Männchen und Su Lin, ‚die Liebe‘, ist das Weibchen.“

Schon seit einiger Zeit herrschte großes Rätselraten darüber, ob die Pandas, die sich gepaart hatten, auch ein Junges bekommen würden. Penny sprach die Frage aus, die sich viele Stammbesucher des Zoos stellten.

Die Direktorin sah Pennys Vater ernst an.

„Penny behält alles für sich, ihr können Sie vertrauen", versicherte Dr. Moosburger Frau Rehberg. Trotzdem schwieg die Direktorin weiterhin.

Sie hatten die Anlage inzwischen erreicht. Die Pandabären bewohnten eine längliche Halbinsel mit Felsbrocken und Bambuspflanzen. Einer von ihnen hatte sich wie ein Mensch mit dem Rücken gegen einen Stein gelehnt. Er hielt Bambusstangen in den Pfoten und zerkaute sie mit großem Genuss.

„Hallo, Gao Gao!"

Der Panda schenkte der Direktorin einen kurzen Blick und fraß dann weiter.

Eine schmale Brücke verband die Insel mit einem flachen Haus. Frau Rehberg schloss die Eingangstür auf und sie betraten einen gekachelten Raum.

Eine junge Pflegerin saß vor einem Fernseher, auf dem aber kein normales Programm lief. Zu sehen war ein schwarz-weißes Bild. Die Direktorin winkte Penny zu sich. Als Penny genauer hinsah, konnte sie die typische Fellzeichnung eines Pandas ausmachen, der zusammengerollt dalag. Schlief er?

„Das ist Su Lin, aufgenommen mit einer Infrarotkamera", erklärte Frau Rehberg leise, als könnte das Pandaweibchen sie hören. „Chilli", sie klopfte der Pflegerin leicht auf die Schulter, „hat einen der Käfige als Höhle für sie hergerichtet."

Chilli war Penny sofort sympathisch. Sie wandte sich kurz vom Bildschirm ab und hob grüßend die Augenbrauen. Sie strahlte förmlich vor Glück.

„Irgendwelche Anzeichen, Chilli?", erkundigte sich Dr. Moosburger leise. Er schien mehr zu wissen, als er Penny verraten hatte.

„Sie rollt und räkelt sich in der Wurfbox. Sonst ist noch nichts passiert. Gao Gao vermisst sie. Er klopft oft an die Tür."

„Nicht zu ihr lassen!", ermahnte der Tierarzt die Pflegerin.

„Natürlich nicht. Ich glaube, Gao Gao ist schon ganz böse auf mich", meinte Chilli mit einem Schmunzeln.

„Heißt das, Su Lin bekommt bald Junge?", fragte Penny.

Auszug aus
„Ein Pandababy zum Verlieben"
von Thomas Brezina
ISBN 978-3-473-47391-5